Ulrich Ehlers

Kosten- und Leistungsrechnung für die Polizei

Kosten- und Leistungsrechnung für die Polizei

von
Professor Dr. Ulrich Ehlers
Verwaltungsfachhochschule Wiesbaden

RICHARD BOORBERG VERLAG
STUTTGART • MÜNCHEN
HANNOVER • BERLIN • WEIMAR • DRESDEN

Bibliografische Information Der Deutschen Bibliothek

Die Deutsche Bibliothek verzeichnet diese Publikation in der Deutschen Nationalbibliografie; detaillierte bibliografische Daten sind im Internet über **http://dnb.ddb.de** abrufbar.

ISBN 978-3-415-04146-2

Scharrstraße 2
70563 Stuttgart
www.boorberg.de

Satz: Thomas Schäfer, www.schaefer-buchsatz.de
Druck und Verarbeitung: Laupp & Göbel GmbH & Co. KG, Talstraße 14, 72147 Nehren

Inhaltsverzeichnis

Vorwort

Studierende an Polizeifachhochschulen, Polizeiführungskräfte im gehobenen und höheren Polizeidienst und diejenigen, die dies noch gerne werden möchten, werden an den Inhalten dieses Buches nicht vorbeikommen.

Denn die zur Haushaltskonsolidierung in allen Bundesländern auf sämtlichen föderalen Ebenen stattfindenden Reformprozesse, die unter dem Begriff „Staatsmodernisierung" firmieren, haben auch die Polizei erreicht. Das Herzstück dieser Reform ist eine auch an wirtschaftlichen Kriterien ausgerichtete Polizeiarbeit, für die eine Kosten- und Leistungsrechnung und Kostencontrolling das unabdingbare Fundament sind.

Wirtschaftlich zu handeln bedeutet letztlich, die Polizeiarbeit in ihrer Effizienz und Effektivität zu optimieren. Denn was nutzt der beste „Verbrecherjäger", wenn das zur Verfügung stehende Budget nicht mehr für neue Waffen oder Polizeifahrzeuge ausreicht, weil es für unwichtigere Dinge, die „man schon immer gemacht hat", verwendet wurde. Wirtschaftliches Denken und Handeln unterstützt somit eine effektive Polizeiarbeit.

Wirtschaftliches Denken und Handeln bedeutet aber auch „staatsförderlich" zu handeln. Denn wer seine Kosten „im Griff hat", der weiß auch, wie er Steuergelder optimal verwenden kann. Und last but not least: Wer sich der polizeilichen Kostenrechnung verweigert, wird kaum in die Verlegenheit geraten, jemals die Chance für einen Karriereschritt in Richtung Leitungsaufgaben angedient zu bekommen.

Dieses Buch bietet dem Leser einen umfassenden Einstieg in die Systematik, Methoden und Instrumente der Kosten- und Leistungsrechnung und des Kostenmanagements. Darüber hinaus werden die Grundlagen für ein polizeiliches Kostencontrolling und seiner Verbindung zur Kosten- und Leistungsrechnung aufgeführt. Dabei wird die didaktische Komponente in den Vordergrund gestellt. Auf mathematische Ab- und Herleitungen der einzelnen kostenrechnerischen Werkzeuge wird so weit wie möglich verzichtet. Sämtliche in diesem Buch vorgestellten Methoden werden hinsichtlich Zweck und Anwendung anhand praktischer „Rechenbeispiele" Schritt für Schritt erläutert. Die Verarbeitung des Lernstoffes wird durch vielfältige Illustrationen und Übungsaufgaben unterstützt.

Die „kostenrechnerischen" Inhalte im Fach „Betriebswirtschaftslehre" für Studierende an Polizeifachhochschulen und Polizeiakademien in der Bundesrepublik Deutschland wird mit den Inhalten dieses Buches weitestgehend abgedeckt. Darüber hinaus soll Führungskräften aus Polizei und

Verwaltung mit diesem Buch ein Werkzeugkasten an die Hand gegeben werden, der die Logik der Kostenrechnung transparent macht und die praktisch anwendbaren Instrumente für ein fundiertes Kostenmanagement liefert.

Den Studierenden der VFH in Mühlheim, Abteilung Polizei, danke ich herzlich für ihre Hinweise und Anregungen.

Gewidmet meinen Eltern.

Mühlheim a.M., August 2008.

1
Betriebswirtschaftliches Denken bei der Polizei

1.1 Ausgangspunkt

Die Betrachtung polizeilichen Handelns aus dem wirtschaftlichen Blickwinkel mag zunächst befremdlich wirken. Denn gute Polizeiarbeit wird in erster Linie über Begriffe wie Rechtssicherheit, kriminalistische Kompetenz und soziale Integrität definiert. Polizeiliche Leistung „dient" der Gesellschaft zu ihrer „Besicherung", ist unverzichtbar und deshalb wirtschaftlich nicht bewertbar, so die geläufige Auffassung.

Wieso verlangen dann aber Politik und Gesellschaft ein polizeiliches Handeln, das auch „wirtschaftlich" sein soll?

Die Antwort ist eigentlich simpel: Geld, mit der die Polizei finanziert wird, um eben ihre Leistungen erstellen zu können, ist bekanntermaßen eine knappe Ressource in einem überschuldeten Staat wie der Bundesrepublik Deutschland. Deshalb soll die Polizei zwar ihre „Sicherheitsleistungen" erbringen, dabei aber nicht das Geld „mit vollen Händen verbraten". Vielmehr soll sich auch die Polizei überlegen, welche Polizeileistungen wichtig oder überflüssig sind oder durch andere „billigere" Leistungen mit gleicher Wirkung (z.B. Videoüberwachung statt Objektschutz durch Polizisten) zu erbringen sind.

Genau diese Überlegung bedeutet aber: Polizeihandeln soll wirtschaftlich sein! Und: Polizeiliche Leistungserstellung, etwa die Suchaktion nach einem mutmaßlichen islamischen Terroristen, muss (auch) wirtschaftlichen Überlegungen folgen.

Dies soll an zwei Beispielen verdeutlicht werden.

Beispiel:
Wenn polizeiliche Leistungen, etwa die Überwachung der Sicherheit des Straßenverkehrs oder die Fahndung nach einem flüchtigen Bankräuber „teuer" sind (die Polizisten wollen ja letztlich auch ihr Gehalt haben) und „teure" Ressourcen (z.B. Personal) aufgrund finanzieller Mittelbegrenzungen knapp sind, dann muss eine Polizeiführungskraft entscheiden, wie viel Ressourcen sie für die Verkehrsüberwachung und die Bankräuberverfolgung einsetzt. Dies geschieht letztlich danach, was die

Führungskraft als „wichtigere“ Sicherheitsleistung ansieht. In jedem Fall aber haben wir gelernt: Unter der Bedingung knapper Ressourcen ist zu fragen, wann eine Leistung „zu teuer“ wird, wann sich ihre Erstellung also nicht mehr „lohnt“. Dies ist etwa dann der Fall, wenn unsere Führungskraft jeden Tag sämtliche Einsatzkräfte für die Jagd nach einem Bankräuber einsetzen würde (der vermutlich längst in Brasilien untergetaucht ist). In diesem Fall würden die verfügbaren Ressourcen zu 100 % für eine bestimmte Leistung eingesetzt, während alle anderen notwendigen Leistungen nicht mehr erbracht würden. Wir hätten es, bezogen auf das Gesamtprodukt „innere Sicherheit“, mit einer „ineffektiven“ Polizei zu tun, über die sich allenfalls nun unbehelligte Triebtäter und volltrunkene Autofahrer freuen.

Man erkennt aus diesem Beispiel: Ohne Überlegungen, die sich auf die Verteilung knapper Ressourcen auf die Herstellung von Leistungen beziehen, ist polizeiliches Handeln ineffektiv (wirkungslos) und ineffizient (eine bestimmte Einzelleistung ist zu teuer).

Beispiel:
Die 100%ige Sicherheit vor Kriminalität bedeutet quasi keinerlei „Kriminalitätskosten“ mehr für die Gesellschaft (Aufklärungskosten, Fahndungskosten, Gerichtskosten, Inhaftierungskosten, medizinische Kosten bei Körperverletzung usw.). Allerdings müsste die Polizei in diesem Fall gleichsam „vor jedes Haus und an jede Straßenecke einen Beamten stellen“, was umgekehrt die Präventionskosten gegen unendlich ansteigen lassen würde.

Würde man umgekehrt alle Präventionskosten einsparen wollen und die Polizei somit abschaffen, würden sich nicht nur unsere Freunde mit den Tagessätzen freuen, sondern die gesellschaftlichen Kriminalitätskosten gegen unendlich ansteigen. Beide Extrema „lohnen“ sich also von der Kostenseite her nicht für die Bevölkerung. Sie sind zu teuer.

Fährt man also die Präventionskosten herunter, erhöhen sich die Kriminalitätskosten. Will man die Kriminalitätskosten senken, erhöhen sich die Präventionskosten. Man bezeichnet dies auch als **Pareto-Paradoxon**.

Das gesamtgesellschaftliche Kostenoptimum wäre nun dadurch zu erreichen, dass eine Erhöhung der Präventionskosten solange erfolgt, wie die Kriminalitätskosten höher sind als die Präventionskosten (vgl. **Abbildung 1**).

Die Präventionsleistungen werden also genau bis zu dem Punkt „gefahren", an dem sie den dadurch verhinderten Kriminalitätskosten entsprechen. Würde man nun weiterhin in Prävention investieren, würden die **zusätzlichen** Präventionskosten teurer sein, als die Kosten, die durch die **zusätzlich** verhinderte Kriminalität entstanden wären. Man könnte auch sagen: Ab einem bestimmten Punkt werden die Präventionskosten teurer als die Kriminalitätskosten und bis zu diesem Punkt wären die Kriminalitätskosten teurer als die Präventionskosten. Vor dem Optimalpunkt und nach dem Optimalpunkt sind deshalb die gesellschaftlichen Gesamtkosten höher als im Optimalpunkt (vgl. **Abbildung 1**, Seite 26).

Sehen Sie, mit diesem Beispiel sind wir schon mitten in wirtschaftlichen Überlegungen zur Kostenoptimierung der Polizeiarbeit. Ab wann wird eine Dienstbesprechung „zu teuer"? Ab wann eine Streifenfahrt? Wie viel Ressourcen sollen maximal für die OK-Bekämpfung eingesetzt werden, um eine zufrieden stellende OK-Eindämmung zu gewährleisten? Wie oft und mit welchem Aufwand sollen Alkoholkontrollen durchgeführt werden, um eine ausreichende Verkehrssicherheit zu gewährleisten? Sollen 2 oder 15 Hundertschaften zur Sicherung eines Fußballspiels eingesetzt werden, um die notwendige „Großveranstaltungssicherheit" zu gewährleisten?

Diese Beispiele sollten gezeigt haben, dass „wirtschaftliches Denken" nicht überflüssig, sondern sinnvoll und notwendig auch für die Polizei ist.

1.2 Polizei als „Produktionsstätte" des Produktes „Sicherheit"

Zur Wahrnehmung der Befriedigung kollektiver Bedürfnisse und der Sicherung einer Daseinsfür- und -vorsorge, die aufgrund „mangelnder Gewinnerwartungen" nicht auf einem freien Markt von privatwirtschaftlichen Unternehmen angeboten werden, hat sich ein komplexes System staatlicher Daseinsfürsorge herausgebildet. Zu diesem System zählt auch die **Polizei**, deren Aufgabe vornehmlich darin besteht, **Daseinsfürsorge für die Bevölkerung durch Sicherheit** (Schutz vor Verbrechen, Festnahme von Delinquenten, um weitere Delinquenz zu verhindern, Straßenverkehrssicherheit usw.) zu gewährleisten.

Betriebe sind nun ganz allgemein Produktionseinheiten, die im Interesse bestimmter Ziele (z.B. Profit, gesetzliche Vorgaben wie „Erhaltung der inneren Sicherheit") zur Befriedigung menschlicher Bedürfnisse eingerichtet werden (Konsum, Schutz vor Verbrechen). Um ihre Ziele zu erreichen, erstellt ein Betrieb mittels des Einsatzes von menschlicher Arbeitskraft (Arbeiter, Polizisten), Material (Maschinen, Einsatzfahrzeuge) und Geld ein bestimmtes Produkt. Dies trifft aber auch auf die Polizei zu (vgl. **Abbildung 2**, Seite 26). Denn diese ist eine Produktionsstätte, um in einem bestimmten „Absatzmarkt" (Volk, Bürger) dessen Bedürfnisse (z.B. Sicherheit, Daseinsschutz) zu befriedigen, indem bestimmte „Güter" (Dienstleistungen wie Hausdurchsuchungen, Alkoholkontrollen, Fahndung, Spurensicherung) produziert werden.

Dies geschieht, indem bei der Polizei
- Produktionsfaktoren (Arbeit, Material, Geld) kombiniert werden,
- um mit ihnen eine Dienstleistung zu erstellen,
- die der Befriedigung eines kollektiven Bedarfs dient.

Allein schon aus dieser Überlegung heraus ergibt sich die Notwendigkeit, die Polizei nicht allein aus politischem, juristischem und kriminalistischem, sondern gleichgestellt aus betriebswirtschaftlichem Blickwinkel zu betrachten. Denn heute führen steigende Kosten und knappe Finanzmittel dazu, dass der polizeiliche Produktionsprozess „wirtschaftlich", dass heißt effizient gestaltet werden muss. Hierzu zählt eine „kostengünstige" Produktion genauso wie ein „intelligenter" Ressourceneinsatz im Sinne der Optimierung des Verhältnisses von produzierten Leistungen (Output) und den dafür eingesetzten Mitteln (Input).

Sicherung der Leistungserbringung und finanzielles „Überleben" erfordern eine **wirtschaftliche Leistungserbringung.** Das bedeutet, dass die Leistungserbringung in Form eines optimierten Verhältnisses zwischen erbrachten Leistungen und den dafür aufgewendeten Mitteln (Produktionsfaktoren) vonstatten geht. Dies wiederum setzt die Nutzung hierfür geeigneter **betriebswirtschaftlicher Instrumente** zur wirtschaftlichen Analyse und wirtschaftlichen Gestaltung des polizeilichen Produktionsprozesses voraus. Denn die allgemeinste Zielsetzung der Polizei, die Befriedigung des kollektiven Bedürfnisses „Lebenssicherheit", wird über die Erstellung bestimmter polizeilicher „Produkte" (z.B. Aufklärung von Verbrechen, Verbrechensprävention) erreicht. Wenn nun die Erstellung dieser Produkte „teuer" ist (z.B. hohe Personalkosten) und die Staatskasse gleichzeitig Mittelknappheit aufweist, dann ist die Polizei zu einer „wirtschaftlichen Produktionsweise" gezwungen. Würde dies von der Polizei ignoriert, könnte das Produkt „Sicherheit" irgendwann schlichtweg aus Mangel an finanziellen Mitteln nicht mehr bereitgestellt werden.

Die Polizei muss sich in dieser Situation also Gedanken darüber machen,
- **was** sie an „Sicherheitsprodukten" erstellt (was ist sinnvoll?) und
- **wie**, also mit welchem finanziellen Aufwand, sie diese Produkte erstellt.

Mit diesen Fragen halten die betriebswirtschaftlichen Fundamentalkategorien der **Effizienz** und **Effektivität** Einzug in das polizeiliche Handeln.

Effizienz bedeutet „die Dinge richtig tun", also wirtschaftlich betrachtet, ein optimales Verhältnis zwischen Produktionsergebnis und den dafür aufgewendeten Mitteln herzustellen. **Effektivität** (Wirksamkeit) bedeutet „die richtigen Dinge tun", also nur das in einer erforderlichen Qualität zu produzieren, was auch einen kollektiven Nutzen hat. Denn Produkte zu erstellen, die niemand benötigt, ist Ressourcenvergeudung und daher unwirtschaftlich.

1.3 Polizei als „öffentlicher Wirtschaftsbetrieb"

Der zunehmende Druck zu wirtschaftlichem Handeln zwingt auch die Polizei, ihre „Produktionsprozesse" kostenmäßig zu optimieren. Hierfür steht ihr ein reichhaltiges Arsenal **betriebswirtschaftlicher Instrumente** und Erkenntnisse zur Verfügung. Zu beachten ist dabei allerdings, dass diese Instrumente nicht unreflektiert aus ihrem bisherigen Anwendungsbereich der Privatwirtschaft übertragen werden dürfen, sondern spezieller Modifikationen bedürfen, wenn sie in der „Polizeiwelt" sinnvoll angewendet werden sollen.

Grundlegend beschreibt, erklärt und analysiert die Betriebswirtschaftslehre (BWL) das wirtschaftliche Handeln in einem produzierenden Betrieb unabhängig davon, ob es sich um materielle (z.B. Autos, Fernseher oder Kühlschränke) oder immaterielle (Dienstleistungen wie Verwaltungsbescheide, Alkoholkontrollen, Spurensicherung, Hausdurchsuchungen) handelt. Somit sind betriebswirtschaftliche Erkenntnisse grundsätzlich auch auf den Betrieb „Polizei" anwendbar. Insbesondere versucht die BWL zu erklären, von welchen Faktoren, etwa Motivation, Organisation, Personalwirtschaft, Kosten, Logistik usw. das wirtschaftliche Handeln oder besser die

Wirtschaftlichkeit beeinflusst wird. Auf der Basis dieser Erkenntnisse will die BWL dann **Managementhilfen** geben, die es den Entscheidungsträgern, etwa einem Revierleiter, erlauben, ökonomische Probleme zu erkennen und wirtschaftliche Optimierungen, etwa eine Verbesserung der Effizienz des polizeilichen Handelns durch Kosteneinsparungen, vorzunehmen.

Die Betriebswirtschaftslehre der Polizei (BWLPOL) ist eine spezielle Betriebswirtschaftslehre, die die Polizei zum Gegenstand hat. Ihre Analyse- und Erkenntnisinstrumente entnimmt sie dem Werkzeugkasten der allgemeinen BWL und passt diese gegebenenfalls an die Besonderheiten der Polizei an.

In einem Betrieb werden durch den kombinierten Einsatz von Produktionsfaktoren (Menschen, Maschinen und Material) Leistungen zur Befriedigung externer Bedürfnisse (Sicherheitsbedürfnis der Bevölkerung) erstellt. Dabei soll die Leistungserstellung selbst **„wirtschaftlich“**, also als möglichst günstiges Verhältnis zwischen Output (Wert einer Dienstleistung, Menge der produzierten Einheiten) und Input (Ressourcen wie Geld für Arbeitskraft und Material) erfolgen. Um das Ziel einer „wirtschaftlichen“ Produktion zu erreichen, muss die Polizei nach betriebswirtschaftlichen Erkenntnissen den „Produktionsprozess“ (Leistungserstellungsprozess) gestalten und die hierfür notwendigen betriebswirtschaftlichen Instrumente anwenden. Die Polizei ist wie ein privater Betrieb eine **Produktionsstätte von Leistungen (Sicherheit) für einen Abnehmermarkt (Bürger).**

Als **Betrieb** bezeichnet man eine Produktionsstätte, in der unter Beachtung des Wirtschaftlichkeitsprinzips Produktionsfaktoren (Arbeitskraft und Material) in einer bestimmten Weise kombiniert werden, um ein Leistungsergebnis oder Produkt zu erstellen. Allgemein bezeichnet der **Begriff Wirtschaftlichkeit** dann das Bestreben, ein möglichst günstiges Verhältnis zwischen den eingesetzten Mitteln (Produktionsfaktoren) und dem Produktionsergebnis (Produkte) zu erzielen. Das Wirtschaftlichkeitsprinzip fordert demnach, den Leistungserstellungsprozess so zu gestalten, dass etwa ein optimales **Kosten-Ergebnis-Verhältnis** erzielt wird.

Der Gegenstand der allgemeinen Betriebswirtschaftslehre ist der Betrieb, der sich nach Johannes Gutenberg durch vier allgemeine Merkmale auszeichnet, nämlich

- Kombination von Produktionsfaktoren
- zur Erstellung eines Leistungsergebnisses

- Handeln nach dem Wirtschaftlichkeitsprinzip
- Streben nach einem finanziellen Gleichgewicht, das heißt, dass Einnahmen und Ausgaben mindestens gleich sind. Die Kosten sollen die Einnahmen nicht übersteigen (was in der Privatwirtschaft „Insolvenz" bedeuten würde.

Die Polizei hat nun genau diese Merkmale mit jedem beliebigen privatwirtschaftlichen Betrieb gemeinsam. Denn in der täglichen Polizeiarbeit werden Produktionsfaktoren kombiniert und ein bestimmtes Leistungsergebnis erstellt (z.B. Arretierung eines flüchtigen Verbrechers). Außerdem muss auch die Polizei das Wirtschaftlichkeitsprinzip beachten (z.B. sind gemäß § 7 BHO und § 6 HGrG von der Verwaltung, zu der auch die Polizei zählt, die Grundsätze der Wirtschaftlichkeit und Sparsamkeit zu beachten) und ein finanzielles Gleichgewicht anstreben (die Ausgaben für die Polizeiarbeit sollen die zugewiesenen Mittel nicht überschreiten).

Aus diesen Gründen kann die Polizei, die Leistung erstellt und deren Leistungserstellung den genannten Grundsätzen folgt, als **wirtschaftender Betrieb,** eben als „**öffentlicher Wirtschaftsbetrieb**" bezeichnet werden.

Die Polizei, ob nun ein Präsidium oder eine Station sind in diesem Blickwinkel Betriebe, in denen gewirtschaftet wird. Entsprechend sind betriebswirtschaftliche Analysen und die Anwendung betriebswirtschaftlicher Methoden und Instrumente bei der Polizei unverzichtbar.

Dennoch existieren einige bemerkenswerte Unterschiede zwischen privatwirtschaftlichen Betrieben und der Polizei als „öffentlichem Betrieb", die zum Teil die Einsetzbarkeit betriebswirtschaftlicher Instrumente im Bereich der Polizei begrenzen.

1.4 Abgrenzung des „Polizeibetriebes“ von privatwirtschaftlichen Betrieben

Die folgende Tabelle zeigt die grundlegenden Unterschiede zwischen privatwirtschaftlichen Betrieben und öffentlichen Betrieben wie der Polizei auf:

Merkmal	Privatwirtschaftlicher Betrieb	Polizeilicher Wirtschaftsbetrieb
Ziele	Profit, Gewinn Konkurrenzbehauptung auf dem Markt	Kollektiver Wohlstand (öffentliche Sicherheit), Kostendeckung Meist Monopolstellung
Güterart	Marktfähige Güter. Absatz erfolgt gegen Entgelt. Die Inanspruchnahme der Leistungen ist wahlfrei.	Nicht marktfähige Güter (z.B. „Knöllchen“, Verkehrskontrolle). Indirekt geldlicher Absatz (Steuerfinanzierung), teilweise direkt geldlicher Absatz (Gebühr bei Verwahrung in Ausnüchterungszelle). Inanspruchnahme der Leistungen ist überwiegend nicht wahlfrei (z.B. Alkoholkontrolle, „Knöllchen“).
Autonomie (Grad der Freiheit über Produktionsentscheidungen)	Ja, da Produktionsentscheidungen (was soll produziert werden?) und Produktionsweise (wie wird produziert?) frei gewählt werden können.	Nein, da die Polizei in ihren Produktionsentscheidungen stark durch politische Vorgaben und gesetzliche Vorschriften eingeschränkt ist.
Kombination von Produktionsfaktoren nach dem ökonomischen Prinzip	Ja, um ein möglichst günstiges Verhältnis zwischen Leistungsergebnis und den hierfür eingesetzten Mitteln zu erhalten	In der Regel „Ja“, aber begrenzt durch rechtliche und politische Vorgaben (Zwang zur „Unwirtschaftlichkeit“).
Pflicht zur Leistungserstellung	Nein	Ja lt. Gesetz
Eigentumsart	Privatbesitz	Kollektivbesitz
Effektivitätsziel	Relativ unbedeutend, da nur der Absatz zählt. Effektivität in Form von Produktqualität nur bedeutsam, wenn absatzförderlich.	Hoch bedeutsam aufgrund rechtlicher und politischer Vorgaben.

Abbildung 3 (Seite 27) zeigt anhand eines Portfolios in Kurzfassung die zentralen Unterschiede zwischen privatwirtschaftlichem und „öffentlichem Polizeibetrieb“.

Ein „Polizeibetrieb“ ist demnach eine Leistungseinheit der öffentlichen Verwaltung (Exekutive), die nach Maßgabe staatlicher Zielvorgaben überwiegend einen kollektiven Bedarf deckt, indem sie öffentliche Güter erstellt und überwiegend indirekt geldlich absetzt. Bis auf die Ausnahme der so genannten „öffentlichen Betriebe“, auf die später einzugehen ist, ist die Leistungsabgabe nicht an einem Gewinnziel orientiert.

Das wichtigste Ziel eines privatwirtschaftlichen Betriebes ist die Herstellung einer günstigen Relation zwischen Gewinn und eingesetztem Kapital, nämlich der **Gewinn**, die sich durch

Gewinn = Umsatzerlöse – (Produktionskosten + Steuern)

ergibt.

Um dieses Ziel zu erreichen, stehen zwei **Stellhebel** zur Verfügung, nämlich
- Umsatzerhöhung bei Kostenkonstanz
- Kostensenkung bei Umsatzkonstanz.

Diese Stellgrößen sind aber auch für **öffentliche Betriebe**, insbesondere Eigenbetriebe von hervorragender Bedeutung, die in Form einer begrenzten Rentabilität Gewinne erwirtschaften sollen.

Demgegenüber wird in der **Gebühren nehmenden öffentlichen Verwaltung, zu der einige polizeiliche Dienstleistungen** zählen, in der Regel eine Kostendeckung angestrebt, dass heißt die Höhe der Einnahmen soll der Höhe der Kosten entsprechen. Eine wichtige Maßzahl für dieses betriebliche Ziel ist der Kostendeckungsgrad

Kostendeckungsgrad in Prozent = (Einnahmen / Kosten) × 100.

Insofern ist der zweite Stellhebel auch in diesem Betriebsbereich von außerordentlicher Bedeutung.

Was die **nicht Gebühren nehmende öffentliche Verwaltung** anbelangt, zu der der überwiegende Teil der polizeilichen Leistungen zählt, gilt aber auch hier der Imperativ einer kostenwirtschaftlichen Produktion der Leistungen. Dies bedeutet, mit den verfügbaren (budgetierten) Haushaltsmitteln „auszukommen“, also die vorgesehenen Leistungen „nicht teurer“ als geplant zu erstellen und bei der Leistungs- und Finanzplanung die vorgesehenen Leistungen möglichst kostenwirtschaftlich zu erbringen. Insofern gilt auch für diesen polizeilichen Leistungsbereich das Interesse an der Nutzung betriebswirtschaftlicher Instrumente, die geeignet sind, den zweiten Stellhebel zu bewegen.

Da die Anbieter öffentlicher Leistungen, zu denen die Polizei ja zählt, in der Regel nicht in einem Wettbewerbsverhältnis wie privatwirtschaftliche Unternehmen stehen (Ausnahme: private Sicherheitsdienste), ist nicht der Gewinn, sondern die **Erhaltung der öffentlichen Sicherheit** das oberste Ziel. Trotzdem kann das Prinzip der Wirtschaftlichkeit der traditionellen Betriebswirtschaftslehre, wie oben bereits dargelegt, auf die Polizei angewendet werden. Denn auch im Rahmen rechts- und sozialstaatlicher Prinzipien hat das Prinzip der Wirtschaftlichkeit seinen Rang.

Mehr noch, „Recht" und „Wirtschaftlichkeit" sind keine widersprüchlichen Grundsätze, sondern Wirtschaftlichkeit ist ein rechtlich kodifiziertes Ziel (Haushaltsgesetze, Grundgesetz) des Handelns der Exekutive. Die konkrete Anwendung des Wirtschaftlichkeitsprinzips in öffentlichen Verwaltungen im Allgemeinen und der Polizei im Besonderen ist demnach „Rechtsvorschrift".

Deshalb ist das Erkenntnisinteresse einer Betriebswirtschaftslehre der Polizei (BWLPOL) zweierlei:
- die ökonomische Effizienz des polizeilichen Handelns zu erkennen und
- zu optimieren,

indem die die Effizienz des Polizeihandelns beeinflussenden Größen identifiziert und betriebswirtschaftliche Instrumente angewendet werden, die geeignet sind, diese Größen in gewünschter Weise (z.B. Kostensenkung) zu beeinflussen. Dabei ist zu beachten, dass der betriebswirtschaftliche Optimierungsspielraum durch politische Rahmenbedingungen und rechtliche Vorgaben begrenzt ist, vgl. **Abbildung 4** (Seite 27). (Es wäre zwar wirtschaftlich hoch rational, aber eben verfassungswidrig, etwa einen multiplen Kindermörder zu liquidieren.)

1.5 „Polizeidienste" sind „öffentliche Güter"

Hinsichtlich der Art der produzierten Güter (Leistungen) bestehen einige Unterschiede zwischen polizeilichen und privaten Betrieben, die erheblichen Einfluss auf die Umsetzung des Wirtschaftlichkeitsprinzips und die Anwendung betriebswirtschaftlicher Instrumente bei der Polizei ausüben.

Ein Großteil des polizeilichen Handelns besteht in der Bereitstellung von Gütern, für die es keinen „Markt“ gibt. Ein Privatunternehmen würde für solche Güter keine Absatzmöglichkeiten finden und damit auch keinen Gewinn erzielen (z.B. Alkoholkontrolle, Festnahme eines Flüchtigen, Fahndung nach einem Bankräuber). Polizeiliche Güter sind damit Ergebnis des **Marktversagens der Privatwirtschaft**. Sie stellen das zur Verfügung, was für ein Staatswesen lebensnotwendig und dennoch nicht über den freien Markt beziehbar ist. Denn polizeiliche Produkte lassen sich in der Regel nicht „profitabel“ absetzen oder würden, wenn man den Bürgern für polizeiliche Produkte eine Gebühr abverlangen würde, von vielen Bürgern nicht mehr bezahlt werden können.

Grundsätzlich unterscheiden sich staatliche Güter von privaten Gütern durch drei Merkmale (vgl. **Abbildung 5**, Seite 28).

1.5.1 Keine Geltung des Ausschlussprinzips

Das Ausschlussprinzip, wie es für den freien Markt konstitutiv ist, besagt die Abhängigkeit der Befriedigung eines Konsumbedürfnisses von der Zahlung des hierfür verlangten Preises. Wer nicht zahlt, ist vom Konsum ausgeschlossen.

1.5.2 Keine Geltung des Rivalitätsprinzips

Das Rivalitätsprinzip besagt die alleinige Nutznießerschaft aus dem Konsum eines Gutes durch denjenigen, der dieses Gut konsumiert. Der Konsum privater Güter ist also individuell. Der Konsum polizeilicher Güter ist demgegenüber kollektiv ausgerichtet, d.h. niemand ist davon auszuschließen.

1.5.3 Konsumzwang

Auf privaten Märkten hat das Individuum die Wahl der Inanspruchnahme der angebotenen Güter/Dienstleistungen. Dies ist bei fast allen polizeilichen „Dienstleistungen“ nicht der Fall (z.B. Alkoholkontrolle).

1.6 Wirtschaftlichkeit, Effizienz, Effektivität und Produktivität

Für eine Betriebswirtschaftslehre der Polizei ist der Begriff **Wirtschaftlichkeit** grundlegend. **Wirtschaftlichkeit** bedeutet, den Prozess der Leistungserstellung im Polizeibetrieb so zu gestalten, dass ein optimales Verhältnis zwischen Mitteleinsatz (Kosten/Aufwendungen) und dem dadurch zu erzielenden Ergebnis (Produkt/Dienstleistung) erreicht wird. Die Herstellung einer optimalen Zweck-Mittel-Relation, wie sie das Wirtschaftlichkeitsprinzip fordert, weist zwei Aspekte auf.

– Das Minimalprinzip
Eine bestimmte Leistung (Zweck) soll mit dem geringst möglichen Mitteleinsatz erbracht werden.

– Das Maximalprinzip
Mit einem vorgegebenen Mittelvolumen soll ein maximales Ergebnis erzielt werden.

Grundsätzlich können nicht beide Aspekte gleichzeitig realisiert werden. Ein maximales Ergebnis mit minimalen Mitteln erreichen zu wollen, ist ein logischer Widerspruch. Wirtschaftlichkeit bedeutet deshalb entweder nach dem Minimal- oder Maximalprinzip zu handeln.

Unter dem Begriff der **Effizienz** ist das Verhältnis von erzielten Leistungen und den hierfür aufgewendeten Ressourcen zu verstehen, also **Effizienz = Output / Input (in Geld bewertet)**. Effizienzsteigerungen ergeben sich entweder, indem die bisherigen Leistungen kostengünstiger erbracht werden oder wenn mit gleichen Kosten ein höheres Leistungsergebnis erzielt werden kann. Insofern ist der Effizienzbegriff nahezu identisch mit dem Prinzip der Wirtschaftlichkeit.

Der Begriff der **Effektivität** bezeichnet demgegenüber die Wirkung (Outcome) einer polizeilichen Leistung und wird definiert mit:

■ Effektivität = Outcome / Input

Die definitorischen Komponenten der Effektivität und Effizienz zeigt **Abbildung 6** (Seite 28).

Ineffizientes Handeln ist genauso unwirtschaftlich wie ineffektives Handeln. Eine Dienstleistung ohne Wirkung (etwa jeden Tag Streife zum Objektschutz einer Bank zur gleichen Uhrzeit erfreut vielleicht potenzielle Delinquenten, die ihre „Einkäufe“ dann zwischen den Streifen erledigen, trägt aber kaum zur Prävention bei) bedeutet genauso Ressourcenvergeudung wie Streifenfahrten in benzinfressenden „Pick-ups“.

Unter dem Begriff der **Produktivität** ist das Verhältnis von mengenmäßigem Faktoreinsatz (z. B. Arbeitszeit, Energiemengen) und Ausbringungsmenge (z. B. Streifenfahrten, Alkoholkontrollen, Spurensicherungen) zu verstehen, also

Produktivität = Output (mengenmäßige Leistung) / Input (mengenmäßiger Faktoreinsatz)

Kann zum Beispiel die Arbeitsproduktivität erhöht werden, dann kann eine Erhöhung der bisherigen Leistungsmenge bei konstanter Personalkopfzahl oder Arbeitsstundenzahl erzielt oder eine gleiche Ausbringungsmenge (Zahl bearbeiteter Fälle) mit weniger Personal realisiert werden.

Die Wirtschaftlichkeit polizeilichen Handelns lässt sich grundlegend anhand der Effizienz und Produktivität bewerten. Drückt man **die Produktivität und Effizienz „in Zahlen“ aus, so hat man es mit zwei Kennziffern** für die Wirtschaftlichkeit zu tun. Kennziffern sind „Messgrößen“, anhand derer sich die Wirtschaftlichkeit des polizeilichen Handelns „in Zahlen“ messen und ausdrücken lässt. Wir wollen uns die Anwendung der Wirtschaftlichkeitskennzahlen Effizienz und Produktivität an einem Beispiel verdeutlichen.

Sachverhalt:

Mit den bisherigen Alkoholtestgeräten können bei einer 2-stündigen Großkontrolle an der Ausfallstraße zu einer Dorfdisko im Schnitt 100 Kraftfahrer kontrolliert werden. Die Kontrolle wird in unregelmäßigen Abständen 5-mal pro Jahr durchgeführt. Mit den neuen Alkotestern können aufgrund schnellerer Ergebnisanzeige und Reinitialisierung 135 Kontrollen bei einer 2-stündigen Großkontrolle durchgeführt werden. Die Kosten für die bisherigen Geräte (Abschreibung, Pflege, Reinigung) betrugen im Jahr 10.000 €. Die laufenden Kosten für die neuen Geräte (Abschreibung, Pflege, Reinigung) betragen pro Jahr 11.000 €.

Aufgaben:

1. Ist die Investition unter dem Gesichtspunkt der absoluten Effizienz wirtschaftlich?
2. Ist die Investition unter dem Gesichtspunkt der relativen Effizienz wirtschaftlich?
3. Ist die Investition unter dem Gesichtspunkt der Produktivität wirtschaftlich?

Lösung zu Aufgabe 1:

Effizienz drückt das Verhältnis zwischen Ausbringungsmenge und Faktoreinsatzmenge aus, also Effizienz = Output/Input. Die Faktoreinsatzmenge ist bei der

Berechnung der Effizienz stets eine monetäre Größe, wird also in „Geld" ausgedrückt.

Die Effizienz des „bisherigen Zustandes" als Kennzahl ist:
Effizienz (alt) = Output (alt) / Input (alt)
= 500 Kontrollen / 10.000 €
= 0,05.

Die Effizienz des „neuen Zustandes" ist
Effizienz (neu) = Output (neu) / Input (neu)
= 675 Kontrollen / 11.000 €
= 0,06.

Die Investition lohnt sich, da die absolute Effizienz (0,06 > 0,05) gestiegen ist.

Lösung zu Aufgabe 2:
Zur Berechnung der relativen Effizienz als Kennzahl der Wirtschaftlichkeit ist die prozentuale Veränderung des Outputs mit der prozentualen Veränderung des Inputs zu vergleichen. Ist die berechnete Verhältniszahl (relative Effizienz) größer als 1, dann ist die Investition wirtschaftlich. Ist die berechnete relative Effizienzkennzahl kleiner oder gleich 1, dann ist die Investition unwirtschaftlich. In diesem Fall wären die Mehrkosten höher als der durch die Mehrkosten erzielbare Mehrnutzen (so wäre es auch für Sie sinnlos, an der ESSO-Tankstelle 2 BIFI XXL für 4,00 € zu kaufen, während die SHELL nebenan eine BIFI XXL für 1,90 € anbietet). Ist die relative Effizienz gleich Null, dann ist die Investition unwirtschaftlich, weil sie eben keinen „Nutzenüberschuss" bringt.

Veränderung Output
in Prozent = ((neuer Output / alter Output) × 100) – 100
= ((675 / 500) × 100) – 100 = **+ 35,0 %.**

Veränderung Input
in Prozent = ((neuer Input / alter Input) × 100) – 100
= ((11.000 € / 10.000 €) × 100) – 100 = **+ 10,0 %.**

Relative Effizienz = Veränderung Output/Veränderung Input
= 35 / 10 = **3,5 > 1**.

Auch unter dem Gesichtspunkt der relativen Effizienz ist die Investition wirtschaftlich, da die relative Effizienz größer als 1 ist. Für jede zusätzlich investierte Faktoreinheit bekommt man das 3,5-fache an Leistungseinheiten (hier: durchgeführte Alkoholkontrollen) zurück. Die Sache lohnt sich also.

Lösung zu Aufgabe 3:
Geeignet als Produktivitätskennziffer ist die Anzahl der pro Stunde durchgeführten Alkoholkontrollen, also das Verhältnis von Leistungsmenge und Arbeitszeitaufwand.

Produktivität (alt) = Output / Input = 500 Kontrollen / 2 Stunden = 250 Kontrollen / Stunde.
Produktivität (neu) = Output / Input = 675 Kontrollen / 2 Stunden = 337,5 Kontrollen / Stunde.

Produktivitätssteigerung in Prozent = ((Produktivität (neu) / Produktivität (alt) × 100) – 100
= ((675 / 500) × 100) – 100 = **+ 35,0 %.**

Auch unter dem Gesichtspunkt der Produktivität lohnt sich die Investition, denn durch sie kann die Produktivität um 35 % gesteigert werden.

1.7 Zusammenfassung

Die Polizei kann auch als ein „wirtschaftender" Betrieb angesehen werden. Für wirtschaftende Betriebe gilt, dass sie ihre Leistungen nach wirtschaftlichen Maßstäben erstellen. Für die Polizei ergibt sich genau diese Notwendigkeit aus den knappen finanziellen Mitteln bei Bund und Ländern. Deshalb muss auch die Polizei zu einer wirtschaftlichen Erstellung ihrer Leistungen verpflichtet werden. Hierzu kann sie auf ein weitreichendes Instrumentarium der Betriebswirtschaft zurückgreifen.

Abbildung 1

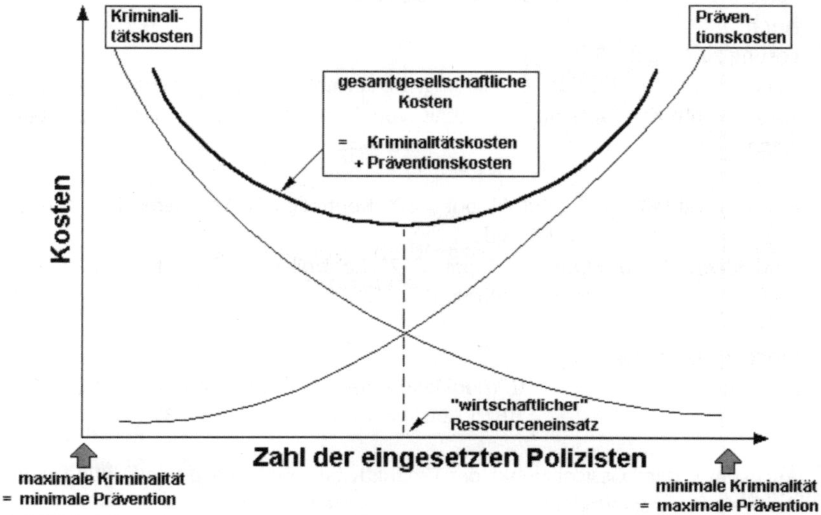

Abbildung 2

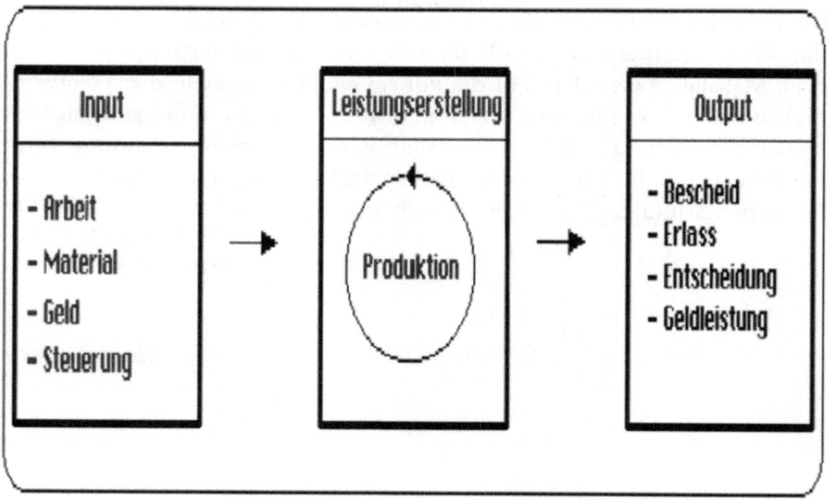

Abbildung 3

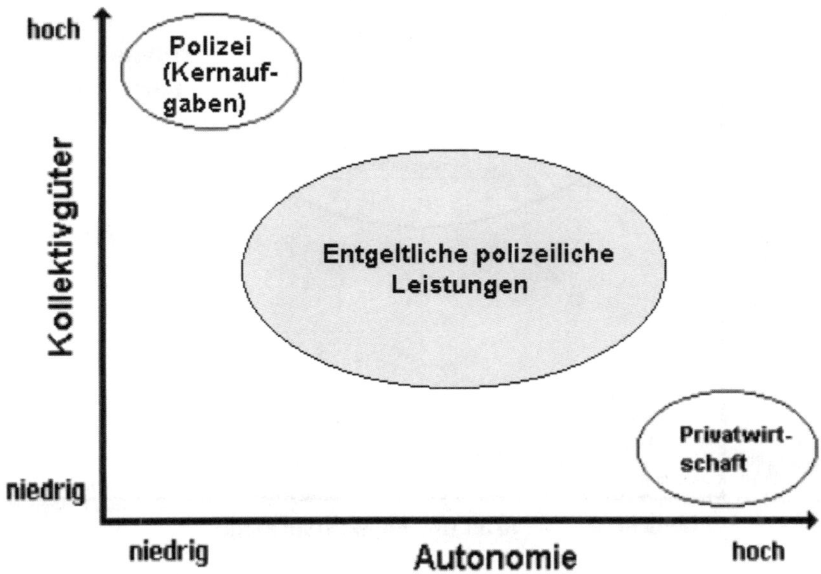

Abbildung 4

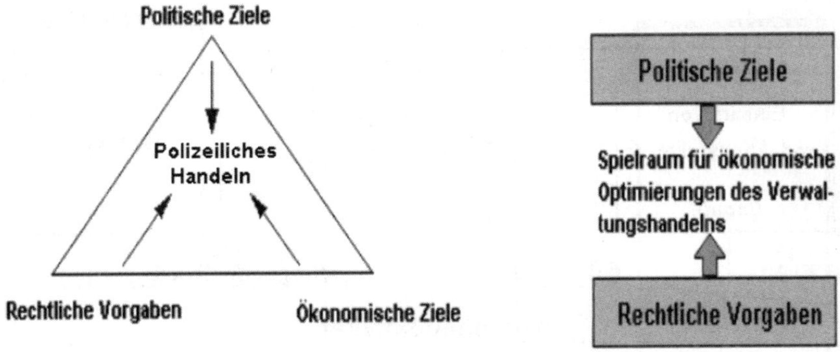

Abbildung 5

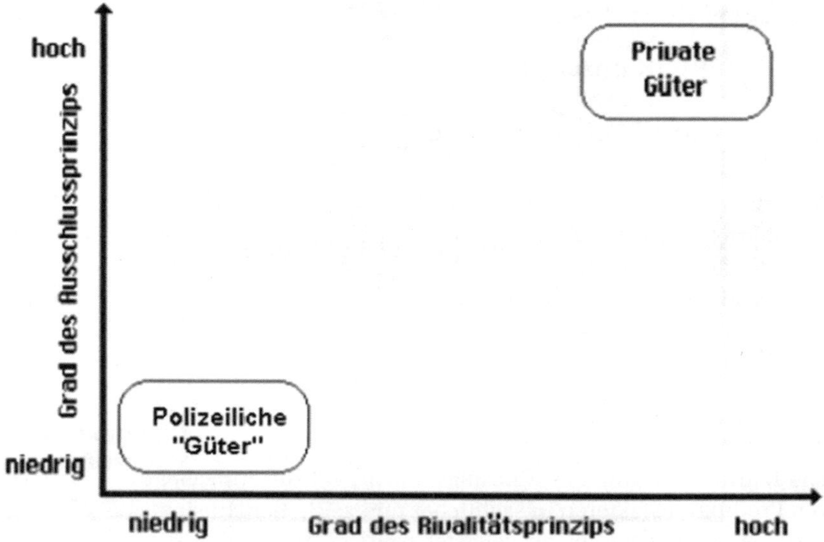

Abbildung 6

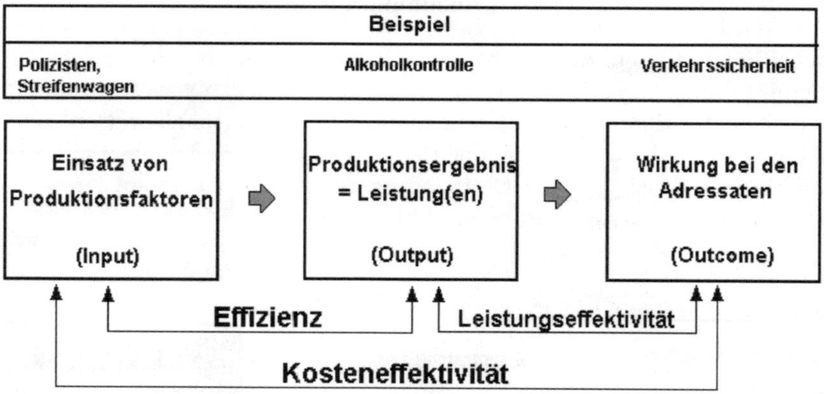

2
Der Polizeibetrieb

2.1 Funktionsbereiche eines Betriebes

Jeder Betrieb ist durch fünf betriebliche Funktionsbereiche gekennzeichnet. Die Betriebswirtschaftslehre hat die Aufgabe, durch geeignete Maßnahmen und Instrumente dafür Sorge zu tragen, dass eine wirtschaftliche Optimierung in allen Funktionsbereichen ausgeschöpft wird. Im Einzelnen handelt es sich um (vgl. **Abbildung 7**, Seite 43):

2.1.1 Betriebsführung

Die Betriebsführung (das Führungssystem) hat die Aufgabe, die elementaren Produktionsfaktoren in sachlicher und zeitlicher Hinsicht (Was soll mit welchen Mitteln bis wann geleistet werden? Wie sollen die elementaren Produktionsfaktoren beschafft werden?) zu kombinieren. Hierbei steht die Aufgabe im Vordergrund, die Bereiche der Beschaffung (z.B. optimierte Konditionen), der Produktion (Kosten einsparende Organisation der Leistungserstellung) und des Absatzes (Marketing, Preispolitik) so zu gestalten, dass das betriebliche Gesamtergebnis (Gewinn, Kostendeckungsgrad) wirtschaftlich optimiert wird. Außerdem kommt der Führung die Aufgabe der Bereitstellung der Bedingungen einer optimalen Faktornutzung (z.B. Arbeitsmotivation) zu. Hierzu sind die einzelnen „Vorgehensweisen" oder Aktivitäten in den aufgezeigten betrieblichen Funktionsbereichen mit dem Ziel einer wirtschaftlichen Optimierung zu **planen**, zu **organisieren**, zu **kontrollieren** und zu beeinflussen (**steuern**).

2.1.2 Beschaffung

Zentrale Aufgabe der Beschaffung ist die Bereitstellung der elementaren Produktionsfaktoren. So zählen z.B. die Personalbedarfsplanung und die Personalauswahl üblicherweise zum Funktionsbereich der Beschaffung. Auch hier geht es darum, eine möglichst „günstige" Beschaffung der Produktionsfaktoren zu gewährleisten, etwa durch Mengenrabatte bei Uniformen oder eine Personalauswahl, die auf „Bestenauslese" zählt.

2.1.3 Leistungssystem (Produktion)

Im Leistungssystem steht der Einsatz der elementaren Produktionsfaktoren Arbeitskraft, Material und Information im Vordergrund. Hierbei geht es vor allem darum, die betriebliche Produktion so zu gestalten, dass eine wirtschaftliche Erstellung von Gütern und Dienstleistungen stattfindet, etwa durch das Auffinden von Kosteneinsparungspotenzialen, „reibungsloser" organisatorischer Abläufe oder die Steigerung der Leistung durch gesteigerte Arbeitsmotivation. Für eine wirtschaftlich optimierte Produktion bietet die Betriebswirtschaftslehre ein reichhaltiges Arsenal von Methoden und Instrumenten, die von organisatorischen Verbesserungen über personalwirtschaftliche Maßnahmen bis hin zu Kostenoptimierungen reichen.

Es sind besonders die **Produktionsfaktoren**, an denen die Stellhebel zur wirtschaftlichen Optimierung, etwa durch Kostensenkung und/oder Produktivitätssteigerung ansetzen. Im Folgenden sind die Produktionsfaktoren deshalb etwas genauer zu betrachten.

Produktionsfaktoren sind „Güter" wie Arbeitskraft und/oder Material, die im (Polizei)Betrieb eingesetzt werden, um überhaupt eine Leistungserstellung zu ermöglichen. Produktionsfaktoren werden im Leistungserstellungsprozess „verbraucht" (verzehrt). **Leistungserstellung ist demnach Produktionsfaktorverzehr. Produktions- oder Leistungserstellungskosten sind demnach diejenigen Kosten, die durch den Verzehr der „teuren" Produktionsfaktoren (Arbeitskraft, Material) im Leistungserstellungsprozess entstehen.**

Im Interesse der Wirtschaftlichkeit gilt es mithin,

- die zur Verfügung stehenden Produktionsfaktoren so zu „verbinden" (kombinieren), dass eine wirtschaftlich optimale Leistungserstellung erreicht wird (z.B. dort Computer gestützte Informationssysteme einsetzen, wo diese schneller und effizienter sind als eine Polizeikraft für das manuelle Heraussuchen von Akten),
- diejenigen Produktionsfaktoren einzusetzen, deren Produktivität und Kostenwirtschaftlichkeit am günstigsten ist (z.B. schnelle flexible Polizeiwagen anstatt schwerfälliger, Sprit fressender Geländewagen).

Grundsätzlich lassen sich zwei grundlegende Produktionsfaktoren unterscheiden (vgl. **Abbildung 8**, Seite 44):

- Elementare Produktionsfaktoren und
- der dispositive Produktionsfaktor.

Zu den **elementaren Produktionsfaktoren** zählen:
- **Betriebsmittel** (Einsatzfahrzeuge, Schreibtische, Computer, Videoüberwachungsgeräte, Alkoholtester, Schilde, Schlagstöcke, Dienstkleidung, Waffen, Gebäude).
- **Werkstoffe** (Papier, Radiergummi, Mundstück vom Alkoholtester, Strom, Patronen, Wasser für den Wasserwerfer, Tränengasgranaten usw.).
- Arbeitskraft.
- **Monetärer Faktor (Geld)**. Finanzmittel werden zwar nicht wie die anderen Produktionsfaktoren im Leistungserstellungsprozess kombiniert, aber Geld ist die Voraussetzung für die Beschaffung der anderen Produktionsfaktoren.
- **Information** als Grundlage der Leistungsplanung (Was soll getan werden?), Leistungserstellung (Wie soll es getan werden?) und Kontrolle (Wurde das, was getan werden soll, tatsächlich getan?). Information ist damit „Grundlage" jedes zielgerichteten und wirtschaftlichen Prinzipien folgenden Leistungserstellungsprozesses. Information wird in Form von „Planungsdaten", „Kennzahlen", „Verfahrensregeln", „Gesetzestexten" oder „Koordinationsanweisungen" mit den anderen Produktionsfaktoren kombiniert.

Zu **dem dispositiven (steuernden) Produktionsfaktor** zählen:
- **Polizeiführung** (Planung und Kontrolle des Leistungserstellungsprozesses).
- **Organisation** (Organisation der Leistungserstellung).
- **Informationen,** wenn sie als „Steuerungsinformationen für die Leistungserstellung von der Führung weitergegeben werden (z.B. Dienstanweisung).

2.1.3.1 Elementarer Produktionsfaktor Arbeitskraft

Die besondere Stellung des Produktionsfaktors Arbeit für die Polizei ergibt sich daraus, dass das Personal der Polizei als zentrale „Produktivitätsreserve" gilt. Dies ergibt sich allein schon aus der Struktur und dem Charakter „normaler" Polizeiaufgaben. Denn diese bestehen zum großen Teil aus dem immateriellen Charakter administrativer, psychologischer und „wissensbezogener" Leistungen (z.B. Ermessensausübung, Deeskalation, Spurensicherung).

Unter menschlicher Arbeitsleistung ist der gezielte Einsatz menschlicher Fähigkeiten zur Erreichung eines Leistungsergebnisses zu verstehen. Das Leistungsergebnis kann aber nur dann erreicht werden, wenn das Leistungsangebot der Bediensteten qualitativ und quantitativ den Leistungsanforderungen, die zur Erzeugung der Leistung notwendig sind, entspricht. Bestimmungsfaktoren des Leistungsangebotes sind Leistungsvermögen (Können), Leistungswille (Wollen) und die Möglichkeit zur Leistungsabgabe (Dürfen). Daraus folgt z.B. (vgl. **Abbildung 9**, Seite 44)

- Leistungsreserve = Leistungsvermögen – Will-Leistung.

Eine zentrale Funktion des dispositiven Faktors im polizeilichen Leistungserstellungsprozess liegt etwa darin, durch den Einsatz geeigneter Führungstechniken ein Maximum der Leistungsreserve der Bediensteten zu aktivieren, also eine effiziente Nutzung des Produktionsfaktors Arbeitskraft zu erreichen und damit die Produktion wirtschaftlich zu optimieren.

2.1.3.2 Elementarer Produktionsfaktor Betriebsmittel

Unter Betriebsmitteln sind, im Unterschied zu **Werkstoffen**, die Komponenten im Leistungserstellungsprozess zu verstehen, die nicht bei der Leistungserstellung verbraucht werden oder in das Produkt einfließen. So z.B. ist das Benzin für ein Einsatzfahrzeug auf Streife ein Werkstoff, das Einsatzfahrzeug selbst aber ein Betriebsmittel.

Die Wirtschaftlichkeit eines Betriebsmittels hängt ab von dessen
- Kapazitätsnutzungskosten und
- Kapazitätsausnutzungsgrad.

Die **Kapazitätsnutzungskosten** sind die Kosten, die aus der Nutzung von Produktionsfaktoren (z.B.Tätigkeitszeit von Polizisten auf Streife, Benzin für das Einsatzfahrzeug auf Streifenfahrt) für die Erstellung einer Leistungseinheit (z.B. eine Verkehrskontrolle, eine Spurensicherung, eine Fahndung) entstehen. Ein Produktionsfaktor ist dabei umso wirtschaftlicher, je geringer seine Kapazitätsnutzungskosten sind, je „kostengünstiger" es also „arbeitet".

Der **Kapazitätsnutzungsgrad** (Auslastungsgrad) (KUG) eines Produktionsfaktors ist definiert durch

- KNG % = (tatsächliche Nutzung / Maximalkapazität) × 100

Ein Produktionsfaktor ist umso wirtschaftlicher, je höher sein Kapazitätsnutzungsgrad ist.

Den Prozess der „Produktion“ von polizeilichen Leistungen bezeichnet man als **Leistungserstellungsvorgang**, der durch die Kombination und den „Verbrauch“ von Produktionsfaktoren charakterisiert ist.

Um aber im Leistungserstellungsprozess „genutzt“ werden zu können, müssen die für eine Leistungserstellung erforderlichen Produktionsfaktoren zunächst in den Zustand der **Leistungsbereitschaft** gebracht werden. Leistungsbereitschaft bedeutet die Vorhaltung oder Verfügbarkeit von Produktionsfaktoren.

Ein grundlegendes „Wirtschaftlichkeitsproblem“ des „Polizeibetriebes“ besteht in dieser Hinsicht darin, die bereit gestellten und in den Zustand der Leistungsbereitschaft versetzten Produktionsfaktoren möglichst „gut“ auszunutzen, was aber nicht immer möglich ist.

Man denke in diesem Zusammenhang an die Aufrechterhaltung des Nachtdienstes auf einem Revier, der unabhängig vom Auftreten akuter Verbrechen stattfindet. Die zur Herstellung der Leistungsbereitschaft eines Betriebes eingesetzten Produktionsfaktoren (Betriebsmittel wie Strom und „Bereitschaftspersonal“) verursachen Kosten (Leistungsbereitschaftskosten). Falls die Leistungsbereitschaft nicht in Anspruch genommen wird, entstehen sogenannte **Leerkosten** (Kosten für nicht genutzte aber vorgehaltene Produktionsfaktoren). Umgekehrt bezeichnet man die Kosten für Produktionsfaktoren, die „verbraucht“ werden, als **Nutzkosten**. Um eine optimale Wirtschaftlichkeit des polizeilichen Leistungserstellungsprozesses zu erreichen, müssten die Bereitschaftskosten soweit gesenkt werden, bis diese genau den Nutzkosten entsprechen, also gleich Null sind.

Die Wirtschaftlichkeit der Kapazitätennutzung lässt sich anhand zweier Kennzahlen ausdrücken, dem **prozentualen Kapazitätsnutzungsgrad** von Produktionsfaktoren und den **Leerkosten**.

$$\text{Kapazitätsnutzungsgrad \%} = \frac{\text{aktuelle Nutzungsintensität}}{\text{Bereitschaftskapazität}} \times 100$$

$$\text{Leerkosten} = \text{Betriebskosten} - ((\text{KNG \%} / 100) \times \text{Betriebskosten}))$$

Sachverhalt:
In einer Großstadt betragen die Gesamtkosten der Nachtschicht eines Reviers jährlich 300.000 €. Tatsächlich sind in den letzten Jahren pro Jahr im Schnitt 150 Nachteinsätze angefallen

Aufgabe:
Bestimmen Sie die Leerkosten.

Lösung:
Kapazitätsnutzung = (150 / 365) × 100 = 41,1 %.
Leerkosten = 300.000 € – ((41,1/100) × 300.000 €) = 176.700 €.

Die hohen Leerkosten sind auch der Grund für eine zunehmende Zentralisierung der Polizeibereitschaften und Schließung kleinerer Polizeistationen in Gebieten mit erwartungsgemäß geringem Einsatzbedarf.

2.1.3.3 Elementarer Produktionsfaktor Geld

Geld in Form von Investitionen ist das zentrale Medium, um die für die Leistungserstellung im Polizeibetrieb benötigten Produktionsfaktoren beschaffen zu können und für die Produktion zur Verfügung zu haben.

2.1.3.4 Produktionsfaktor Information

Die Zuordnung des Produktionsfaktors Information ist in der betriebswirtschaftlichen Literatur umstritten. Zum einen sind Informationen, etwa in Form von „Fahndungsdaten" eine Art „immaterieller Werkstoff", der direkt im Leistungserstellungsprozess verwendet wird. In diesem Sinne wäre Information ein elementarer Produktionsfaktor. Andererseits können Informationen dann als „dispositiver Faktor" betrachtet werden, wenn sie als Steuerungsressource (z.B. in Form von dienstlichen Weisungen) auf die Nutzung der elementaren Produktionsfaktoren einwirken. Aufgrund ihrer Besonderheit sollte Information als eigenständiger Produktionsfaktor, als **informationeller Faktor** angesehen werden.

2.1.3.5 Dispositiver Faktor

Der dispositive Faktor wird, wie bereits angesprochen, auch als „Führung" bezeichnet. Seine Aufgabe besteht darin, die elementaren Produktionsfaktoren so „einzuteilen", dass eine möglichst wirtschaftliche und kontinuierliche Versorgung des Leistungserstellungsprozesses mit elementaren Pro-

duktionsfaktoren in der erforderlichen Menge (nicht zu viel und nicht zu wenig) gewährleistet ist. Beispiele für Fragen, die sich dem dispositiven Faktor stellen, sind:
- Sollen Streifenfahrten reduziert werden?
- Wie kann eine polizeiliche Grundversorgung auch in der Urlaubszeit gewährleistet werden?
- Wie ist der Dienstplan optimal und ausgeglichen zu gestalten?
- Welche Strategie soll bei einer Großdemonstration „vor Ort" praktiziert werden?
- Welche polizeiliche Besetzung ist unbedingt notwendig?
- Können Stellen abgebaut werden, oder besteht ein Zusatzbedarf an Personal?

2.1.4 Rechnungssystem des Polizeibetriebes

Das Rechnungssystem der Polizei besteht aus der geldlichen Erfassung (Buchführung), Planung, Steuerung und Kontrolle der polizeilichen Leistungserstellung im Hinblick auf deren Wirtschaftlichkeit.

So etwa ist die **Kostenrechnung** eine zentrale Aufgabe des (polizei)betrieblichen Rechnungswesens. Ihr kommt die Aufgabe zu, durch eine systematische Erfassung, Kalkulation, stellenbezogene Verrechnung und Auswertung von Kosten dem Führungssystem Informationen für polizeibetriebliche Planungs-, Steuerungs- und Kontrollzwecke zur Verfügung zu stellen.

Diese Aufgabe übernimmt **das interne Rechnungswesen**. Es ist gewissermaßen der Lieferant kostenbezogener Daten zum Zwecke einer kostenwirtschaftlichen Steuerung der Produktion polizeilicher Leistungen.

Hierzu zählen:
- **Kostenrechnerische Wirtschaftlichkeitsvergleiche**, bei denen die Kosten alternativer Verfahren erfasst und verglichen werden.
- **Plankostenrechnung** zur Unterstützung der Budgetaufstellung (welche Produktionsmenge ist geplant und wie hoch sind die „Herstellkosten" für ein Produkt/Gut [**Budget = Menge * Einzelkosten des Produktes**]) und Kontrolle des Budgetvollzugs (durch Abgleich der tatsächlichen mit der geplanten Ausgabenentwicklung).
- **Kalkulation amtlicher Gebühren** (Selbstkostenermittlung und Kalkulation von Mindestgebühren für polizeiliche Leistungen).
- **Identifikation von Kostensenkungspotenzialen** sowohl in einzelnen „Produktionsbereichen" (Kostenstellen) und Einzelleistungen („Produk-

tionsstufen“ wie z.B. eine Fahndungsdatenabfrage im Zuge einer Verkehrskontrolle) mit dem Ziel der kostenwirtschaftlichen Optimierung des gesamten Produktionsprozesses.

Das Rechnungswesen bildet den Kern des Informationssystems eines Betriebes, denn in ihm werden alle zahlenmäßig bewertbaren Vorgänge **erfasst, dargestellt und rechnerisch**, etwa für Zwecke des Kostencontrollings, der Haushalts- und Vermögensrechnung, **aufbereitet** und an die interessierten Stellen innerhalb und außerhalb des Polizeibetriebes weitergeleitet (z.B. Rechnungshof, Innenminister, Polizeipräsident).

Indem das Rechnungswesen alle betrieblichen Geld- und Leistungsströme erfasst, kann es darauf aufbauend Informationen über die betriebliche Vermögens- und Finanzsituation, Wirtschaftlichkeitsvergleiche, Kostendeckungsgrade, Deckungsgebühren und Ansatzpunkte für eine Kostensteuerung liefern.

In jedem Betrieb werden Ressourcen zusammengeführt, umgewandelt und nach außen abgeführt (**Abbildung 10**, Seite 45). Die Steuerung des Polizeibetriebes, das heißt die Art und Weise der Zusammenstellung, Verarbeitung und Einsatzdisposition der Ressourcen nach Art und Menge erfolgt durch den dispositiven Faktor, die Führung. Deren Hauptaufgabe besteht betriebswirtschaftlich betrachtet darin, für die Leistungserstellung ausreichende Ressourcen (elementare Produktionsfaktoren) möglichst optimal, also effizient in Produkte und Dienstleistungen umzuwandeln.

Wenn Effizienz als Verhältnis von Output und Input aufgefasst wird, dann muss der Führung auch ein Informationssystem zur Verfügung stehen, das die Daten aus den in **Abbildung 10** (Seite 45) aufgeführten Bereichen sammelt und aufbereitet. Dies ist die Aufgabe des Rechnungswesens und des darauf aufsetzenden Finanz- und Kostencontrollings. Mit anderen Worten: Rechnungswesen und Controlling sind Funktionsbereiche des (Polizei)betriebes, die die Führung bei der Kosten- und Finanzsteuerung des Betriebes in Richtung „Wirtschaftlichkeit“ unterstützen (**Abbildung 7 und Abbildung 10**).

Die wesentlichen Teilbereiche des betrieblichen Rechnungssystems sind
– das externe Rechnungswesen und
– das interne Rechnungswesen.

2.1.4.1 Externes Rechnungswesen

Das externe Rechnungswesen hat die Aufgabe, alle Geschäftsvorfälle eines Polizeibetriebes zu dokumentieren, um Finanzverantwortlichen, Politikern, Bürgern und Rechnungshöfen das „wirtschaftliche Gebahren“ der Polizei aufzeigen zu können. Zum externen Rechnungswesen zählen die **Buchführung** (als „Datenerfassungsmethode“), die aus der Buchführung abgeleitete **Bilanz** (Jahresabschluss) **und die Erfolgsrechnung** (Gewinn- und Verlustrechnung) (**Abbildung 11**, Seite 45).

Etwa wollen Innenminister, Bürger und Rechnungshöfe wissen, „wie“ mit Steuern, Budgets und Krediten umgegangen wird und ob die Polizei mit den erhaltenen Mitteln auch erfolgreich etwa bei der Kriminalitätsbekämpfung oder Verkehrssicherung war.

2.1.4.2 Internes Rechnungswesen

Das interne Rechnungswesen trägt alle kostenwirtschaftlichen Informationen zur kostenorientierten Steuerung des polizeilichen Handelns zusammen und wertet diese mit den Methoden der Kosten- und Leistungsrechnung aus, so dass diese zur Kostensteuerung und Kostenkontrolle eingesetzt werden können. Die Methodik der Kosten- und Leistungsrechnung, also die rechnerische Ermittlung der „Produktionskosten“ für eine Leistungseinheit oder ein Produkt, dient der Ermittlung produktbezogener Budgets. Produkte sind kostenmäßig bewertbare Resultate des Leistungserstellungsprozesses, die sich aus den (kostenbehafteten) Einzelleistungen einzelner Kostenstellen (Produktionsbeteiligter) zusammensetzen (**Abbildung 12**, Seite 46). Auf der Basis der Kenntnis der Produkteinzelkosten (Was ist der Gesamtwert der Leistungen, die in einem „Endprodukt“ stecken?) und erwartbarer Produktionsmengen lassen sich nun Budgets für jedes einzelne Produkt in einer Rechnungsperiode mit

- **Budget (Produkt xy) = Einzelkosten (Produkt xy) × Produktionsmenge (Produkt xy)**

ermitteln, wobei die Produkteinzelkosten als

- **Σ kostenmäßig bewertbarer Faktorverzehr an Einzelleistungen**

zu definieren sind.

Unter dieser Voraussetzung lassen sich nun einzelne Produktbudgets zu Produktgruppen- und Produktbereichsbudgets aggregieren, wobei

Gruppenbudget (PG xy) = Σ Budgets (Produkt a-n) der Gruppe
und
Bereichsbudget (PB xy) = Σ (PG xy)
ist.

Zur Kostensteuerung etwa dienen die Instrumente der KLR dazu, die Kostenstruktur einzelner Produkte differenziert zu betrachten und Einzelleistungen oder Kostenstellen (Produktionsbereiche) zu identifizieren, die „zu teuer“ sind und bei denen man Kosteneinsparungspotenziale realisieren kann. Im Übrigen dienen die mit den Instrumenten der KLR generierten Informationen dazu, Gebühren auf der Basis der Kenntnis der Produktkosten mit dem Ziel der Kostendeckung zu kalkulieren.

2.1.4.3 „Neues polizeiliches Rechnungssystem“ im Überblick

Anhand der bisherigen Überlegungen kann nun das gesamte Rechnungssystem der Polizei mit seinen einzelnen Bestandteilen dargestellt werden (vgl. **Abbildung 13**).

Das „Neue polizeiliche Rechnungssystem“ (NPOLRS) besteht aus mehreren miteinander verbundenen Komponenten oder „Rechnungskreisen“, nämlich:
- Ergebnis- oder Erfolgsrechnung,
- Vermögensrechnung,
- Finanzrechnung und
- Kosten- und Leistungsrechnung.

Die „Datenbeschaffungsgrundlage“ des gesamten Systems ist, wie in **Abbildung 7** (Seite 43) aufgezeigt, die Doppelte Buchführung.

In der **Ergebnisrechnung** werden die Aufwendungen und Erträge, die buchhalterisch erfasst wurden, mit der sogenannten „Gewinn- und Verlustrechnung“ gegeneinander verrechnet. Das Ergebnis dieser Verrechnung ist der sogenannte „betriebswirtschaftliche Erfolg“, der positiv (Gewinn = Gesamtaufwand < Gesamtertrag) oder negativ (Verlust = Gesamtaufwand > Gesamtertrag) sein kann.

Die **Vermögensrechnung** erfasst das am Ende eines Rechnungsjahres vorhandene Vermögen eines Polizeibetriebes in Form der sogenannten Schlussbilanz. Die Schlussbilanz ist nichts anderes als eine „Momentaufnahme des aktuellen Standes der Daten der Buchführung am Ende eines Rechnungsjahres“. In **Abbildung 13** (Seite 47) zeigen die „Aktiva“, grob gesagt, die im Betrieb steckenden Werte an Produktionsmitteln und Bargeld und die Passiva die Schulden, etwa geliehenes Geld, an. Aus der Schlussbilanz lässt sich somit leicht ablesen, ob ein Betrieb „auf Pump“ lebt oder ob er eine „gesunde Vermögensbasis“ hat.

Ergebnis- und Vermögensrechnung zusammen bezeichnet man als **Doppik**.

Die **Finanzrechnung** dient der Erfassung aller Einnahmen und Ausgaben, die während eines Rechnungsjahres angefallen sind und in der Buchführung erfasst werden. Sie dient, wie Kontoauszüge, dazu, einen ständigen Überblick über die liquiden Mittel, sozusagen den „Kontostand“, zu erhalten. In die Zukunft gerichtet, dient sie zur Planung und Kontrolle von Investitionen, indem ein geplantes Einnahme-Soll und Ausgaben-Soll ständig mit dem Einnahme-Ist und Ausgabe-Ist abgeglichen wird.

Die **Kosten- und Leistungsrechnung** (KLR) greift auf die in der doppelten Buchführung erfassten Daten (Aufwendungen in Form von Personal-, Material- und kalkulatorischen Kosten, die in der Ergebnisrechnung zusammengezogen werden) zurück mit dem Ziel, diese „Kosten“ leistungsbezogen zu berechnen. Mit der KLR kann also ein leistungs- oder produktbezogener Ressourcenverbrauch (Was „kostet“ z.B. eine Großdemonstrationssicherung oder eine Alkoholkontrolle oder die Schlichtung einer Wirtshausschlägerei oder eine Ringfahndung oder die Aufklärung eines Sittlichkeitsverbrechens?) berechnet werden. Sind die Kosten für eine Produkteinheit erst einmal berechnet, dann kann auch das gesamte Produktbudget ermittelt werden.

2.1.4.4 Zentrale Grundbegriffe des polizeilichen Rechnungswesens

Unter **Kosten** versteht man den zur Erstellung einer Leistung erforderlichen wertmäßigen Güter- oder Produktionsfaktorverzehr, also letztlich den auf die Erfüllung der betrieblichen Zwecke gerichteten Ressourcenverbrauch. Kosten sind in diesem Sinne unmittelbare Aufwendungen zum Zwecke der Erstellung einer Leistung (Output). Kosten als in Geld bewertbarer Produktionsfaktorverzehr (z.B. Verbrauch von Material und Arbeitszeit) fallen nur dann an, wenn der Produktionsfaktorverzehr ausschließlich der betrieblichen Leistungserstellung dient (Pensionszahlungen sind demnach keine Kosten).

Aufwand entsteht auch durch einen mit Ausgaben verbundenen Güter- oder Faktorverbrauch, während bei den Kosten zusätzlich ein Sachzielbezug, also ein betrieblicher Produktionszweck, nicht aber unbedingt eine **Ausgabe** vorliegen muss (z.B. Abschreibung, der keine „reale“ Ausgabe von Geld zugrunde liegt). Im Unterschied zu Kosten handelt es sich bei **Aufwand also** auch um eine Minderung des betrieblichen Reinvermögens, der nicht direkt mit dem betrieblichen Leistungserstellungszweck in Verbindung stehen muss. Es handelt sich also auch um einen betriebsfremden Aufwand, der nichts mit dem Erreichen des Leistungsziels als Zweck der polizeilichen Leistungserstellung zu tun hat. Aufwand kann Kosten umfassen, muss es aber nicht (**Abbildung 14**). Man könnte auch sagen, dass alle Kosten ein besonderer Aufwand, nämlich „Zweckaufwand" sind und Aufwand demnach mehr als nur Kosten umfasst.

Zu einem neutralen Aufwand zählen betriebs- und periodenfremde Minderungen des Betriebsvermögens, also Aufwendungen, die nicht in direktem Zusammenhang mit der betrieblichen Produktion stehen. Sie werden nicht durch die „Produktion" in einer Rechnungsperiode verursacht. Beispiele sind Spenden, Kursverluste, Nachzahlungen von Steuern aus früheren Perioden, Pensionszahlungen, Mutterschaftsgeld. Zu den neutralen Aufwendungen zählen weiterhin die **ausserordentlichen Aufwendungen**, die unregelmäßig anfallen, etwa Brandkatastrophen. Man rechnet diese Minderungen des betrieblichen Vermögens nicht zu den Kosten, weil sie wegen ihrer Unregelmäßigkeit und Unkalkulierbarkeit des Anfalls als Datengrundlage die Ergebnisse der Kostenrechnung verzerren würden.

Der **Zweckaufwand** (Minderungen des betrieblichen Vermögens zum Zweck der Leistungserstellung) entspricht den Grundkosten und umfasst alle Minderungen des betrieblichen Vermögens, die für den Produktionsfaktorverbrauch zur Erfüllung des Produktionszwecks anfallen. Beispiele sind Personal- und Materialkosten.

Zu den **kalkulatorischen Kosten** zählen insbesondere die **Zusatzkosten**. Zusatzkosten sind diejenigen Kosten, denen keine „reale" Ausgabe gegenübersteht, die also nicht mit einem realen Geldstrom verbunden sind. Es sind „hypothetische" Kosten wie kalkulatorische Abschreibungen oder kalkulatorische Zinsen (Zinsverlustkosten)).

Anderskosten sind Aufwendungen, die in ihrer Art dem Zweckaufwand oder Grundkosten entsprechen. Sie werden aber in der Buchführung anders verrechnet als in der Kosten- und Leistungsrechnung. Ein Beispiel ist der Wiederbeschaffungswert bei Abschreibungen.

Die folgende Tabelle fasst die wichtigsten Begriffe in der Übersicht zusammen:

Ausgangsseite (Output)	Eingangsseite (Input)
Auszahlung: Jeder Vorgang, der zu einer Abnahme des Zahlungsmittelbestandes (Kassen- und Bankguthaben), also der liquiden Mittel führt. **Beispiel:** Kauf eines Computers gegen Barzahlung.	**Einzahlung:** Jeder Vorgang, der zu einer Zunahme des Zahlungsmittelbestandes führt. **Beispiel:** Verbuchung der Zahlung eines Kunden auf dem eigenen Konto.
Ausgabe: Jeder Vorgang, der zu einer Abnahme des Geldvermögens, also dem Abfluss von liquiden Mitteln führt. Geldvermögen = Zahlungsmittel + Forderungen - Verbindlichkeiten **Beispiel:** Kauf eines Computers auf Kredit (Zunahme der Verbindlichkeiten).	**Einnahme:** Jeder Vorgang, der einen Zufluss von liquiden Mitteln (zuzüglich Forderungseingänge) führt. **Beispiel:** Verkauf eines Computers gegen Rechnung.
Aufwand: Abnahme des Reinvermögens einer Rechnungsperiode (alles, was den Betrieb „ärmer" macht) Reinvermögen = Geldvermögen + Sachvermögen – Verbindlichkeiten **Beispiel:** Weihnachtsgeldzahlung Abschreibung von Maschinen	**Ertrag:** Zunahme des Reinvermögens in einer Rechnungsperiode. Die monetär bewertete Leistungserstellung eines Betriebes oder der Wertzuwachs durch erstellte Güter und/oder Dienstleistungen **Beispiel:** Geld aus dem Verkauf von Waren Gebühreneingänge
Kosten: In Geld bewerteter und mit der betrieblichen Leistungserstellung direkt verbundener Produktionsfaktorverzehr. Kosten sind eine besondere Aufwandform, der „Zweckaufwand". **Beispiel:** Löhne und Gehälter Strom für Beleuchtung eines Büros Miete für Büroräume	

2.1.5 Absatz (Leistungsabgabe)

Als Leistungsabgabe bezeichnet man die Überführung der Leistungsergebnisse an die Empfänger. Im Unterschied zum privatwirtschaftlichen Güterabsatz, der über den freien Markt über den Preismechanismus erfolgt, zeichnet sich der Absatz polizeilicher Güter/Dienstleistungen häufig durch einige Besonderheiten aus.
- Unentgeltliche oder „politische“ Preisfestsetzung
- Absatzverpflichtung (Leistungsgewährungspflicht)
- Abnahmepflicht (Konsumzwang) staatlicher Leistungen.

Unter diesen Vorzeichen scheint eine „Absatzlenkung“, etwa durch ein Absatzmarketing, auf den ersten Blick nicht möglich zu sein. Bei genauerem Hinsehen ist dies aber nicht der Fall, denn eine Absatzlenkung wird bei der Polizei in vielfältiger Form praktiziert, etwa

Verringerung der Inanspruchnahme staatlicher Leistungen (Fahndungen, Verbrechensaufklärung) durch Abschreckung infolge Präsenz. Förderung der Nutzung der Inanspruchnahme polizeilicher Dienstleistungen über den Preis, etwa polizeiliche Beratung zur Einbruchsprävention und Drogenaufklärung.

Unter wirtschaftlichem Gesichtspunkt betrachtet, muss sich auch die Polizei bemühen, die Nachfrage nach ihren Leistungen negativ (etwa Gebühren für Polizeieinsätze bei Bagatellfällen wie Nachbarschaftsstreitigkeiten) oder positiv (Konkurrenz zu privaten Sicherheitsunternehmen) zu beeinflussen.

Abbildung 7

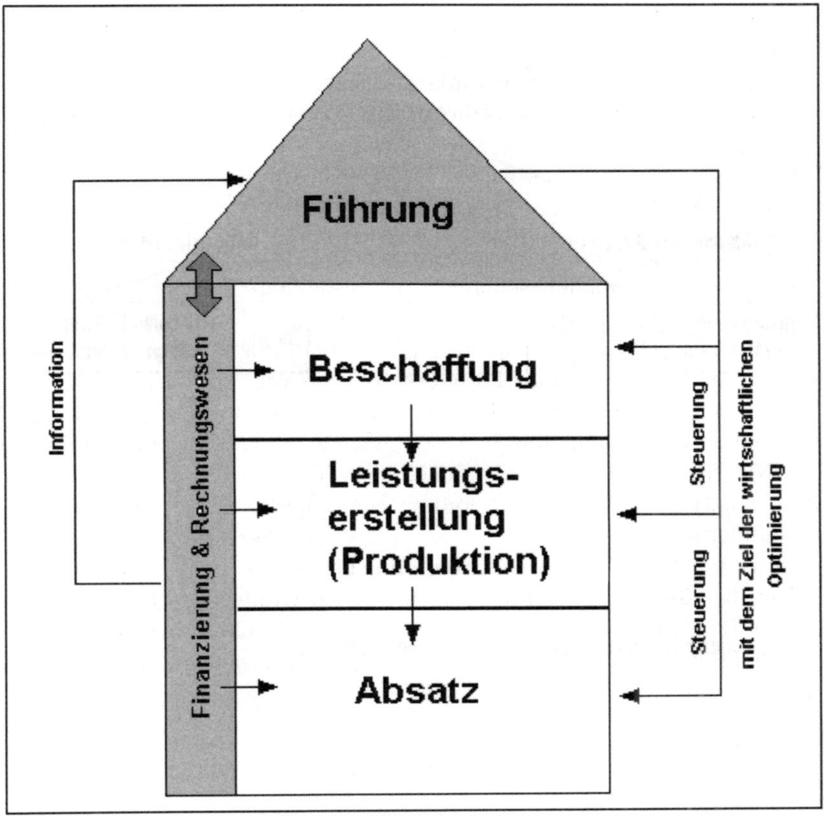
Führung
Information
Finanzierung & Rechnungswesen
Beschaffung
Leistungs-
erstellung
(Produktion)
Absatz
Steuerung
Steuerung
mit dem Ziel der wirtschaftlichen
Optimierung

Abbildung 8

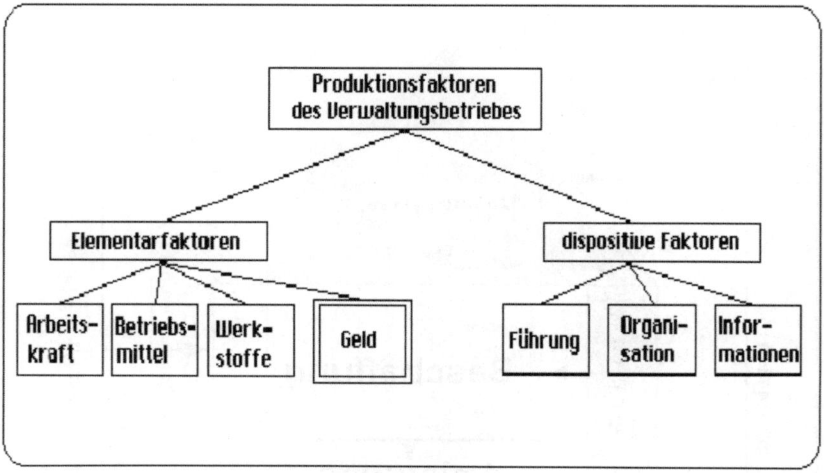

Abbildung 9

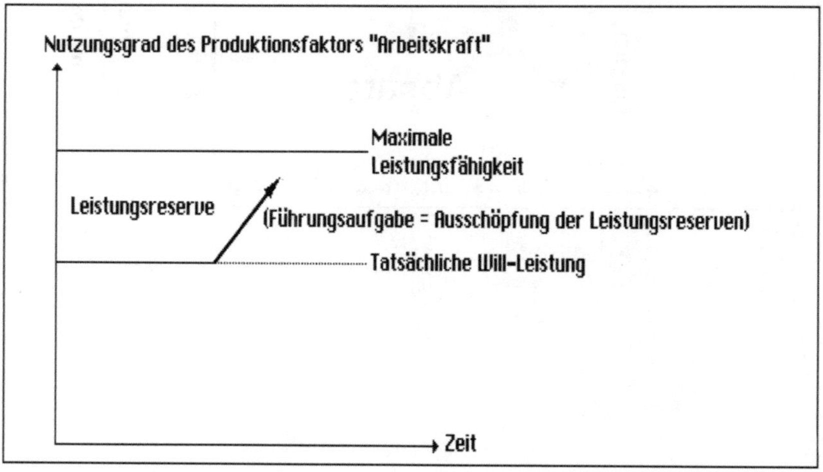

Abbildung 10

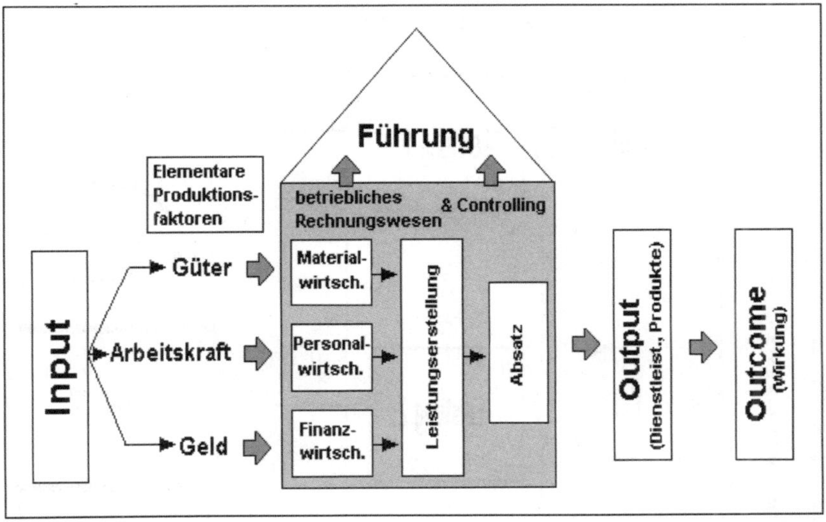

Abbildung 11

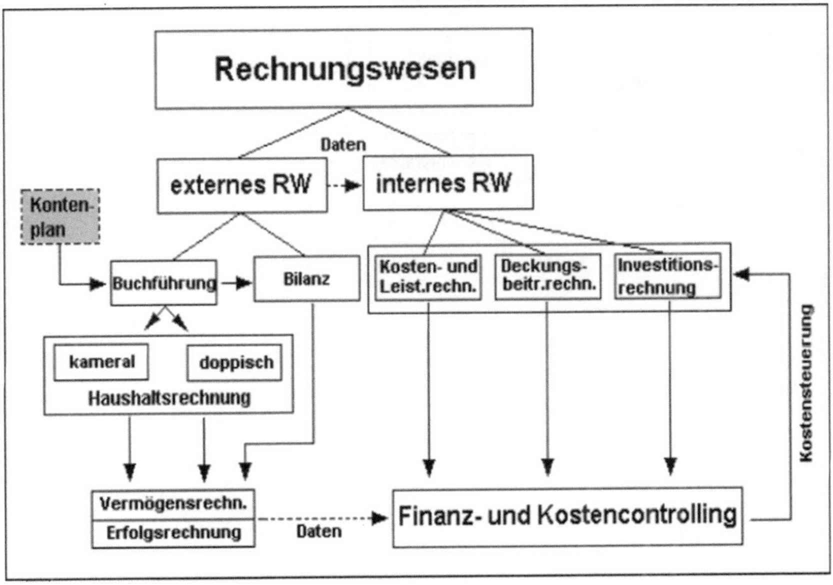

Abbildung 12

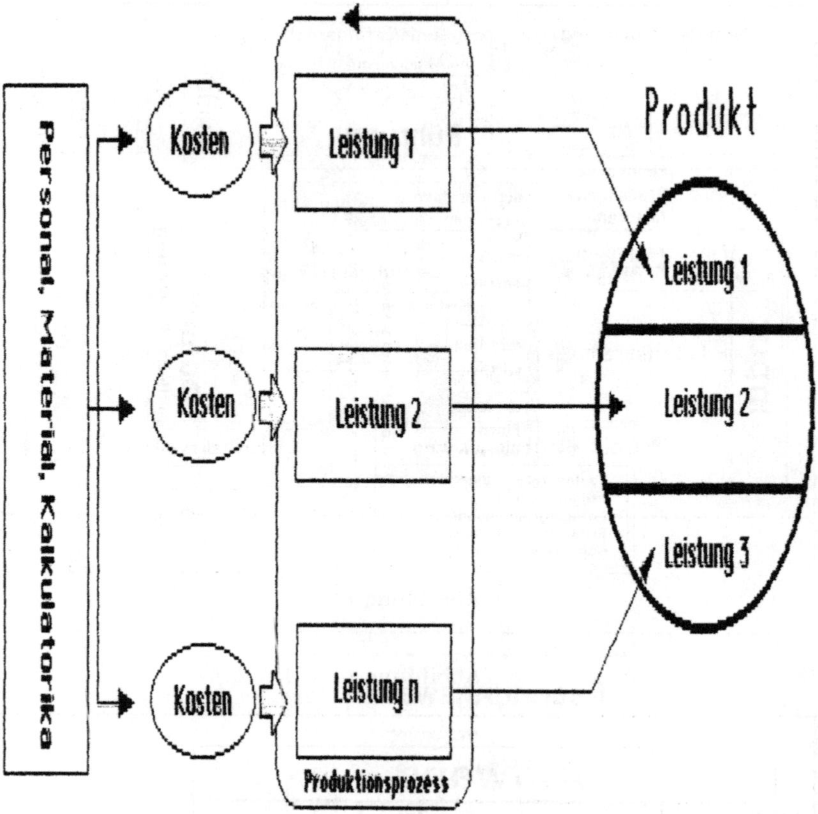

Abbildung 13

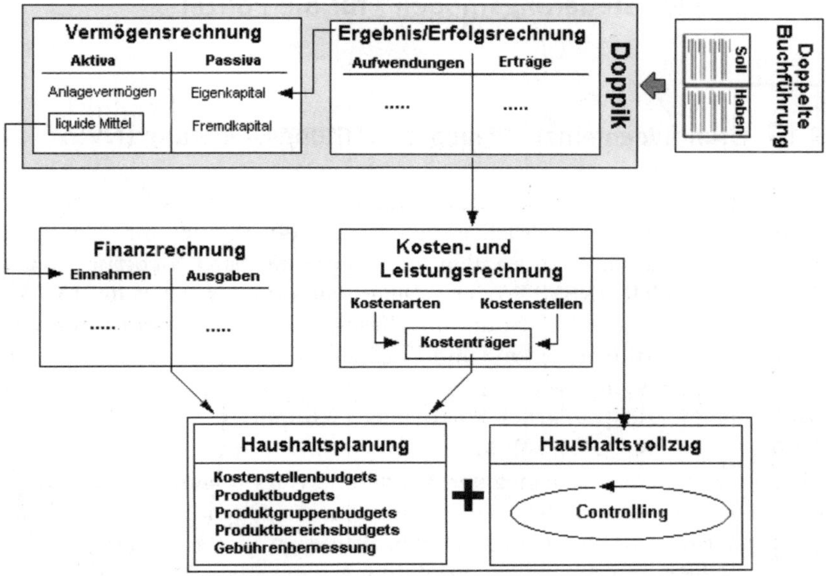

Abbildung 14

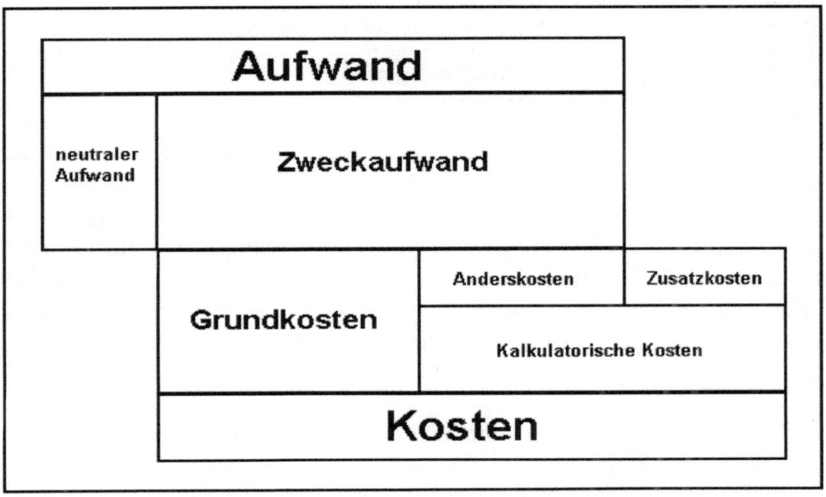

3
„Neues Steuerungsmodell" für die Polizei

3.1 Grundideen einer „Neuen Verwaltungssteuerung (NVS)"

Als Reaktion auf knappe öffentliche Finanzen ist in der Bundesrepublik Deutschland und in angelsächsischen Staaten ein Bündel von Strategien zur Verwaltungsreform entstanden, die unter dem Sammelbegriff **„Neues Steuerungsmodell (NSM)"** oder **„Neue Verwaltungssteuerung (NVS)"** zusammengefasst werden. Grundidee dieses Reformkonzeptes ist die Ausrichtung der Leistungsplanung und Finanzierung der öffentlichen Verwaltung, zu der auch die Polizei zählt, an politisch gewollten Wirkungen (**Outcome**) und hierzu erforderlicher Leistungen (**Output**).

Die polizeiliche Arbeit soll in Zukunft an ihren **Wirkungen**, etwa „Rückgang der Straftaten", „Anstieg der Aufklärung von Straftaten", „Reduktion schwerer Verkehrsunfälle" oder einfach nur „Öffentliche Sicherheit" gemessen werden. Hierzu muss die Polizei aber etwas „tun", nämlich „Leistungen" erbringen oder besser **„Produkte"** bereitstellen, die geeignet sind, diese Wirkungen, die ja etwa der Innenminister wünscht, zu erzeugen.

Solche **Produkte** sind etwa „Alkoholkontrollen" (Wirkung = Reduktion von Verkehrsunfällen infolge Alkoholkonsums), „Streifenfahrten" (Wirkung = Abschreckung mit dem Ziel der Verhinderung von Straftaten) oder auch „Sicherungseinsätze" etwa bei Demonstrationen und Fußballspielen (Wirkung = Verhinderung von Ausschreitungen zur Aufrechterhaltung der öffentlichen Sicherheit).

Die „Herstellung" derartiger Produkte, etwa eine „Streifenfahrt" oder „Alkoholkontrolle" verursacht allerdings **Kosten**. Hierzu zählen nicht nur die Personalkosten der eingesetzten Beamten und die Materialkosten etwa Benzin für das Polizeifahrzeug oder für Mundstücke des Alkoholtestgerätes. Hinzu kommen weitere Kosten wie Abschreibungskosten für das Polizeifahrzeug, Personalkosten, die in der Leitstelle für eine Abfrage des „Flensburger Registers" und aktueller Fahndungslisten anfallen, sowie Kosten für die ordnungsgemäße Aufnahme des Vorgangs in die Schichtprotokolle.

Mit diesem Denkansatz ist es also möglich, die Kosten, die für bestimmte Produkte oder Leistungen anfallen, relativ genau zu erfassen und somit zugleich die „Wirkungskosten" dieser Produkte festzustellen. Wenn auf diese Weise Wirkung, Produkt und Kosten miteinander verknüpft werden, dann kann die Polizei sowohl die Kostenwirtschaftlichkeit (**Effizienz**) als auch die Wirkungsqualität (**Effektivität**) ihrer Arbeit verbessern.

Denn nun lässt sich grundsätzlich fragen:

? Können die Kosten für ein bestimmtes Produkt, etwa eine Streifenfahrt gesenkt werden, etwa indem nur die Autobahnpolizei mit schnellen, großvolumigen und deshalb teureren Einsatzfahrzeugen ausgestattet wird.

? Produziert man etwas, was relativ teuer ist, aber keine oder nur eine geringe Wirkung hat? Haben relativ teure „berittene Polizeistreifen“ einen Wirkungsbeitrag für die „Verhinderung von Straftaten“ oder trägt die Aufrechterhaltung einer Polizeistation rund um die Uhr in einer 250-Seelen-Gemeinde tatsächlich zur „öffentlichen Sicherheit“ bei?

? Kann man „teure“ Produkte, etwa personelle Geschwindigkeitskontrollen durch „billigere“ Blitzgeräte erledigen lassen?

Man erkennt, dass sich mit einem Denkansatz, der Wirkung, Produkte und Kosten verbindet, sowohl eine Kostensteuerung realisieren lässt, die es erlaubt, das polizeiliche Handeln **wirtschaftlich zu optimieren**. Auf der anderen Seite erlaubt es dieser Denkansatz aber auch, genau diejenigen Produkte zu erstellen, für die in der Gesellschaft ein „Bedarf“ besteht, nämlich das Bedürfnis nach Sicherheit und Kriminalitätsprävention.

Dieser Denkansatz ist auch deshalb neu, weil die Steuerung der Polizei in der Vergangenheit stets nach dem bekannten kameralistischen Prinzip erfolgte: Personal-, Sachmittel- und Finanzbudgets wurden einfach so veranschlagt und vorgegeben, wie es auch in den vergangenen Jahren erfolgte. Man ging also von einem **Input** aus, der als Aufwand deklariert jährlich fortgeschrieben wurde. Der Verbrauch der Mittel und nicht etwa das Erreichen von vorgängig definierten Sachzielen wurde als „Erfolg“ der Staatstätigkeit gewertet. Fragen nach der Wirtschaftlichkeit der verwendeten Mittel, bei denen ja ein Bezug zu den erbrachten Leistungen und Wirkungen hergestellt werden müsste, sind dem kameralen Denkgebäude gänzlich fremd.

Das gemeinsame Ziel der Verwaltungsreformkonzepte ist die Steigerung der Effizienz (optimiertes Kosten-/Leistungs-Verhältnis) und Effektivität (optimierte Wirkungen) polizeilichen Handelns. Dabei geht es nicht allein um einen sparsameren Ressourceneinsatz und eine effizientere Leistungserstellung, sondern auch um eine stärkere Orientierung der Polizeileistungen an den Bedürfnissen der Bürger. Denn nur, „was wirklich gebraucht wird, soll dann auch in hoher Qualität bereitgestellt werden". Mit diesem Grundsatz ist zugleich die dem Neuen Steuerungsmodell implizite **Aufgabenkritik** angesprochen.

Eine zentrale Grundidee der Reformansätze besteht in der **Aufhebung der Trennung von Finanz- und Leistungs- oder Fachverantwortung**. Verwaltungseinheiten (Polizeipräsidien, Polizeireviere) sollen für das Erreichen von Leistungszielen und die Verwendung der hierfür erforderlichen Mittel „geradestehen". Etwa fungieren Revierleiter dann als **Manager**, die die Aufgabe haben, eine Leistungszielvorgabe mit den zur Verfügung stehenden Mitteln zu erreichen. „Nachtragshaushalte" gehören in diesem Modell der Vergangenheit an. Vor diesem Hintergrund wird die Polizeiführung zum Bewirtschafter der ihr zum Erreichen bestimmter Leistungsziele zur Verfügung stehenden Mittel und ist zu wirtschaftlichem Denken gezwungen.

Ein solches Konzept kann aber nur dann funktionieren, wenn unser „**Polizeimanager**" in der Lage ist, sich auf dem Weg zum Erreichen der Leistungsziele und den Ressourcenverbrauch ständig beobachten bzw. kontrollieren zu können. Wird **rechtzeitig** eine Abweichung festgestellt, etwa wenn erst wenig Fortschritte bei der Leistungszielerreichung, aber ein hoher Verbrauch der zur Verfügung stehenden Ressourcen festgestellt wird, kann unser Revierleiter vielleicht noch „gegensteuern", um das Leistungsziel doch noch mit den zur Verfügung gestellten Ressourcen zu erreichen. Diese Art von „Selbstbeobachtung" mit der Möglichkeit des Eingreifens bezeichnet man als **Controlling**.

Beispiel:
*Ein Revierleiter hat das Sachziel, die Beschaffungskriminalitätsrate etwa in Form von Apothekeneinbrüchen auf unter 4 Fälle pro Monat durch regelmäßige nächtliche Streifenfahrten im 2-Stundentakt zu halten. Dies sind bei 365 Einsatztagen im Jahr und im Schnitt 10-stündiger Nacht insgesamt 5 × 365 = 1.825 Kontrollfahrten. Hierfür steht ihm ein mit der Kosten- und Leistungsrechnung ermitteltes Budget von 100.000 € zur Verfügung. Es zeigt sich nun, dass Ende Juni genau die Hälfte der Kontrollfahrten ausgeführt wurde, aber bereits 75.000 € des Budgets verbraucht wurden. Auf der Ergebnisseite wurde ein sprunghafter Anstieg der Beschaffungskriminalität von bisher 3 Fällen auf 7 Fälle im Juni festgestellt (**Abbildung 15**, Seite 62).*

Controlling kann somit grob definiert werden als eine Aktivität, die auf laufender Beobachtung einer Zielerreichung besteht, um im Falle einer Abweichung vom „rechten" Zielerreichungspfad korrigierend und rechtzeitig in den Prozess der

Zielverfolgung eingreifen zu können, um das ursprüngliche Ziel doch noch zu erreichen.

3.2 Von der Inputsteuerung zur Outputsteuerung

3.2.1 Inputsteuerung

Die für die Verwaltung und Polizei häufig beklagten Effizienz- und Effektivitätsmängel sind zu einem erheblichen Teil auf ein völlig überholtes Steuerungsinstrumentarium, nämlich auf eine kameralen Grundsätzen folgende Handlungslogik des „Staatswesens" zurückzuführen. Das „karnevalistische" (kameralistische) Haushalts- und Planungswesen orientiert sich nahezu ausschließlich am „ordnungsgemäßen" Vollzug von in Titeln gedeckelten Einnahmen und Ausgaben und deren Fortschreibung für jedes weitere Haushaltsjahr. Fragen nach der Effektivität (Was soll mit den Geldern erreicht werden?) und der Effizienz (Können polizeiliche Leistungen, mit denen eine Wirkung erzielt werden soll, kostengünstiger produziert werden?) bleiben im Rahmen der kameralistischen Navigationslogik staatlichen Handelns ausgeklammert.

Die kameralistische Steuerungslogik staatlichen Handelns kann weder in Kategorien von Wirkungs-Leistungs-Beziehungen (Welche von der Polizei produzierten Leistungen sind am „besten" zur Erfüllung gewünschter staatlicher Ziele geeignet?) noch der Leistungswirtschaftlichkeit (Herstellung eines möglichst günstigen Verhältnisses zwischen Leistung und den zu ihrer Erstellung verwendeten Mitteln) denken.

Denn die kameralistische Steuerungslogik staatlichen Handelns gibt zwar Auskunft darüber, **wie viel** Geld die Polizei verbrauchen darf, nicht aber darüber, **wofür** und mit welcher angestrebten Wirkung die Mittel verwendet werden sollen. Eine solche Art und Weise der Ausrichtung (Steuerung) staatlichen Handelns wird als **Inputsteuerung** bezeichnet, weil der „Ursprung" und die Ausrichtung des Handelns sich an verfügbaren und zu verbrauchenden Mitteln (Input) orientieren. Das polizeiliche Handeln wird also traditionell durch Inputgrößen, nicht aber an gewünschten Ergebnissen (Wirkungen) ausgerichtet und auch nicht durch wirtschaftliche Überlegungen gesteuert. Inputsteuerung fußt auf der Ausrichtung der polizeilichen Tätigkeit am **WIEVIEL** und **WOMIT**, nicht aber am **WAS**.

Für eine Ausrichtung des staatlichen Handelns an Ergebnissen und Wirkungen ist die kameralistische Inputsteuerung ungeeignet, denn sie gibt keine Auskunft darüber,
- welche Wirkungen (Outcome) denn nun durch staatliches Handeln erreicht werden sollen,
- welche Leistungen (Output) zum Erreichen dieser Wirkungen „sinnvoll“ (zweckmäßig und bedarfsgerecht) sind,
- mit welchen anderen Leistungen, die „billiger“ sind, die gleiche gewünschte Wirkung wie bisher erzielt werden kann (Wirtschaftlichkeit der Zielerreichung) und
- ob die bisherigen Leistungen nicht kostengünstiger erstellt werden können (Kostenwirtschaftlichkeit im engeren Sinn).

Das vorhandene inputorientierte Steuerungsinstrumentarium mit seiner Fortschreibungsmentalität und Titelkorsettagen sagt viel über die Art der zu verwendenden Mittel und die Ordnungsmäßigkeit des „Mittelverbrauchsvollzuges“ aus. Über die sachlichen Ergebnisse und die Wirtschaftlichkeit der Mittelverwendung, also Effektivität und Effizienz, sagt es aber so gut wie gar nichts aus. Denn der kameralistische Haushaltsplan weist in seiner pagatorischen Logik (Einnahmen und Ausgaben) lediglich Mittelbereitstellungen und **Mittelverbräuche** aus. Welche Leistungen mit einer Geldausgabe erstellt worden sind, also der **Mittelgebrauch**, und ob die Leistungserstellung wirtschaftlich erfolgte, **welche Kosten also mit einer Leistung verbunden sind**, darüber kann ein kameralistischer Haushalt keine Auskunft geben.

3.2.2 Outputsteuerung

Erforderlich ist deshalb ein Steuerungssystem, in dem nicht nur Ausgabeermächtigungen erteilt werden, sondern Wirkungen aufgeführt sind, die durch die Erstellung bestimmter Leistungen, die bestimmte Kosten verursachen, erreicht werden sollen.

Das gemeinsame Ziel der Polizeireformkonzepte ist die Steigerung der Effizienz (optimiertes Kosten-/Leistungs-Verhältnis) und Effektivität (optimierte Wirkungen) polizeilichen Handelns. Dabei geht es vor allem um einen sparsameren Ressourceneinsatz und eine effizientere Leistungserstellung. Denn nur „was wirklich gebraucht wird, soll dann auch in erforderlicher Qualität bereitgestellt werden“. Statt von den Mitteln wird das Denken von den Leistungen bzw. Ergebnissen des polizeilichen Handelns her aufgerollt. Dieser Denkansatz wird als **Outputsteuerung** bezeichnet.

Ein solches „outputorientiertes Steuerungskonzept" kann aber nur dann funktionieren, wenn unser Polizeimanager (Revierleiter) in der Lage ist, sich auf dem Weg zum Erreichen der Leistungsziele und den Ressourcenverbrauch ständig beobachten bzw. kontrollieren zu können.

Innerhalb eines outputorientierten Steuerungssystems werden eben nicht einfach nur Ausgabeermächtigungen erteilt, sondern es werden Wirkungen aufgeführt, die durch die Erstellung bestimmter Leistungen, die bestimmte Kosten verursachen, erreicht werden sollen. Deshalb ließe sich mit einem outputorientierten Steuerungssystem sowohl die Effizienz als auch die Effektivität polizeilichen Handelns messen, überprüfen und auf Zielwerte hin ausrichten. Das polizeiliche Handeln kann jetzt laufend auf seine Wirtschaftlichkeit und Sachzielerreichung hin überprüft und im Bedarfsfalle korrigiert werden.

Outputsteuerung fußt auf der Ausrichtung der polizeilichen Tätigkeit am „Wozu" (Outcome = Wirkung) und davon ableitbaren „Was" (Output = polizeiliche Leistungen). Outputsteuerung setzt also an Ergebniszielen bzw. Wirkungen an und versucht, das polizeiliche Handeln in die durch diese Ziele vorgegebene Richtung zu steuern. Bei der Outputsteuerung stellen Ergebnisse (Output) und nicht Mittel (Input) den Dreh- und Angelpunkt staatlichen Handelns dar (**Abbildung 16**, Seite 63).

Eine outputorientierte Steuerung kann aber nur dann funktionieren, wenn das Erreichen sowohl der Leistungsziele als auch der „Verbrauchsweg" der hierfür zur Verfügung gestellten Mittel permanent beobachtet wird. Diese „Selbstbeobachtung" wird als **Controlling** bezeichnet und besteht in der laufenden Messung der Ergebnisse des polizeilichen Handelns und der hierfür verwendeten Mittel und deren Vergleich mit Zielzuständen anhand von Kennzahlen. Controlling ermöglicht deshalb sowohl eine „Frühwarnung" bei Zielabweichungen als auch das „rechtzeitige" Ergreifen von Korrekturmaßnahmen, um die Zielerreichung zu sichern (**Abbildung 17**, Seite 64).

Die bisherigen Ausführungen stellen den Kern des Denkansatzes für ein „Neues Steuerungsmodell" polizeilichen Handelns dar. Um diesen Kern herum scharen sich aber noch ein paar weitere Komponenten, die das „Neue Steuerungsmodell" sozusagen abrunden.

3.3 „Neues Steuerungsmodell (NSM)"

Als Hauptkomponenten des Neuen Steuerungsmodells lassen sich die in **Abbildung 18** (Seite 65) aufgeführten Elemente benennen.

Das Zusammenspiel dieser Komponenten, wie es in **Abbildung 19** (Seite 66) wiedergegeben ist, soll im Folgenden kurz erläutert werden.

3.3.1 Kontraktmanagement

Ein Kontrakt ist eine verbindliche Leistungsabsprache zwischen Politik (als Auftraggeber) und Polizei (als Produzent oder Auftragnehmer) über

- die zu erstellenden Leistungen nach Menge und Qualität (z.B. Streifenfahrten in regelmäßigen Abständen und besonderer Observation kriminalitätsgefährdeter Objekte wie Parkanlagen, Juweliergeschäfte, Häuser in Randlage usw.),
- den Zeitraum, in dem diese Leistungen zu erstellen sind, und
- die hierfür erforderlichen Finanzmittel (Budget).

Kontrakte sind das Transportmedium, mit dem ein politisch gewünschter Outcome durch die Herstellung eines bestimmten Leistungsoutputs in bestimmter Qualität und Menge seitens der Polizei erreicht werden soll. Um aber einen Leistungsoutput in einer bestimmten Qualität bereitstellen zu können, sind der Polizei oder besser dem **Produktverantwortlichen** (z.B. unserem Revierleiter) die für die Produktion dieses Outputs notwendigen Finanzmittel an die Hand zu geben. Ein Kontrakt etwa zwischen dem Polizeipräsidenten und einem Polizeirevierleiter enthält dann im Einzelnen Vorgaben über das bereitzustellende Leistungsangebot (Anzahl und Art von polizeilichen Kontrollen, Observationen und präventiven Sicherungsmaßnahmen) sowie das hierfür zur Verfügung gestellte „Revierbudget". Mit der Bereitstellung des Leistungsangebotes soll ein politisch gewünschtes Ziel, der Outcome, etwa „Befriedigung des öffentlichen Sicherheitsbedürfnisses" erreicht werden. Die Bestimmung des Finanzmittelvolumens, das dem Revierleiter von der Politik (hier: Polizeipräsident) zur „Produktion" des gewünschten Leistungsoutputs zur Verfügung gestellt werden muss, erfolgt im Rahmen der

3.3.2 Kosten- und Leistungsrechnung

Zweck der Kosten- und Leistungsrechnung ist die Ermittlung der Produkt- oder Leistungseinzelkosten (Kostenträgerkosten) unter Zuhilfenahme von Methoden der Kostenarten-, Kostenstellen- und Kostenträgerrechnung. Etwa müsste unser Revierleiter berechnen können, was eine Polizeistreifenfahrt, eine Sicherung des Fußballspiels eines Lokalvereins, eine Verkehrskontrolle oder die Aufklärung eines Wohnungseinbruchs an Kosten verursacht. Auf dieser Basis kann die Politik dann entscheiden, welche Outcomequalität, die über bestimmte Qualitätsmerkmale der Leistungen zu erreichen ist, gewünscht wird. Qualität verursacht bekanntermaßen Kosten.

***Beispiel**:*
Wir nehmen einmal an, dass es in der Vergangenheit in einem städtischen Park im Jahresdurchschnitt zu 50 Belästigungsfällen von Frauen in den Abend-, Nacht- und Frühmorgenstunden kam. Zur 100 %igen Verhinderung von Belästigungen (Wirkungsqualität) in einer städtischen Parkanlage sei eine permanente nächtliche Polizeipräsenz (Leistungseinheit = Präsenzstunde) im Umfang von durchschnittlich 10 Stunden bei 365 Tagen erforderlich. Wenn die Kosten für eine Präsenzstunde 50 € für 2 Streifenpolizisten betragen, dann belaufen sich die jährlichen Gesamtkosten für das Produkt „Parksicherung" auf 182.500 €.

Wären nun diese „Parksicherungskosten" der Politik zu hoch, so bleibt die Möglichkeit, die Qualität der Leistung und damit die Kosten herabzusetzen.

Etwa wären, wenn die Politik nur 100.000 € Kosten für die Parksicherung investieren will (= 54,8 % der ursprünglichen Kosten), eben auch (theoretisch) 27 bis 28 Belästigungsfälle (55 % von 50 Fällen) in Kauf zu nehmen.

Mit der Kosten- und Leistungsrechnung (KLR) soll über die Ermittlung der Kosten einzelner polizeilicher Leistungen (Produkte) eine **kostenbezogene Transparenz** der „Polizeiprodukte" geschaffen werden, die mit der Aufdeckung von **Kostensenkungspotenzialen** unterstützt wird. Etwa können die tatsächlichen Kosten eines Großeinsatzes zur Sicherung öffentlicher Sportveranstaltungen mit der KLR sehr genau ermittelt werden. Dies dient nicht nur der realistischen Budgetplanung (Budget = Kosten eines Großeinsatzes × Anzahl der Großeinsätze wie Fußballspiele). Darüber hinaus kann auch kritisch hinterfragt werden, ob die Sicherung einer solchen Großveranstaltung tatsächlich mit dem bisher als „normal" angesehenen Polizeikräftepotenzial zu realisieren ist oder ob nicht vielmehr auch mit weniger Einsatzkräften oder einer flexiblen Sicherung (z.B. Begleitung der Fans der gegnerischen Fußballmannschaft vom Stadion zum Bahnhof mit starker Präsenz, Sicherung des Stadions mit geringerer Präsenz) die Wirkung „ausreichende öffentliche Sicherheit“ erreicht werden kann.

Mit Hilfe der KLR kann demnach eine **wirtschaftlich optimierte Leistungserbringung** gewährleistet werden, da mit diesem Instrumentarium auch durchschaut werden kann, wie sich die Kosten für einzelne Leistungen zusammensetzen und an welchen „Kostenschrauben“ man drehen könnte, um die Kosten für einzelne Polizeiprodukte zu senken, ohne dabei die Wirkung (öffentliche Sicherheit) dieser Produkte herabzusetzen.
Wenn die KLR dazu dient, die Kosten für ein Produkt zu ermitteln, dann kann man mit der Ermittlung der Produkteinzelkosten für eine polizeiliche Leistung

- die „**Kostendeckungsgebühr**“ dieser Leistung bestimmen (etwa das Eingreifen bei einer nächtlichen Ruhestörung), die dem Verursacher in Rechnung zu stellen ist;
- das Budget, also die erforderlichen Geldmittel, die insgesamt für diese Leistung im Laufe eines Haushaltsjahres anfallen, bestimmen. Dieses Budget bezeichnet man als **Produktbudget**.

Um aber überhaupt eine KLR durchführen zu können, anhand derer sich Gebühren und Budgets bestimmen lassen, müssen zuerst die Produkte selbst definiert werden.

3.3.3 Produkte, Produktplan und Produkthaushalt

Der Begriff des Produktes ist der Dreh- und Angelpunkt des NSM. Als Produkt bezeichnet man das unmittelbare und **messbare** Ergebnis des polizeilichen Handelns oder auch eine von der Polizei hergestellte Leistungseinheit (z.B. Streifenfahrt). Produkte der Polizei sind z.B. Sicherung öffentlicher Anlagen, Verkehrskontrollen, Spurensicherung oder Ringfahndungen. Dem Produkt kommt nun im Neuen Steuerungsmodell eine dreifache Funktion zu:

- Das Produkt als messbarer Endpunkt des polizeilichen Handelns eignet sich hervorragend als Steuerungsobjekt für eben dieses Handeln, weil das **Produkt die Schnittmenge von Leistung** (Qualität, Zeit und Menge), **Kosten und Wirkungen** darstellt, die über das Produkt gemessen und gesteuert werden können. Z.B. kann mittels Controlling „beobachtet“ werden, ob eine Streifenfahrt pro Nacht, die bestimmte Kosten verursacht, wirklich ausreicht, die gewünschte Wirkung „Einbruchssicherheit" durch Abschreckung zu erreichen.

- Produkte sind andererseits **Kostenträger**, denen sich die zu ihrer Erstellung erforderlichen Kosten mit den Instrumenten der KLR zuordnen lassen, sodass eine kostenbezogene Steuerung im Sinne eines produktbezogenen Kostencontrollings der Polizei möglich wird. Hierzu können etwa die erwarteten Produktkosten laufend den momentanen Produktkosten gegenübergestellt werden, um im Abweichungsfalle nach Möglichkeiten einer Kostenkorrektur zu suchen.
- Ein **Kontraktmanagement** wird erst über die Definition von Produktqualitäten und Produktkosten, also den Output und Input, den es kontraktuell zu vereinbaren gilt, sinnvoll. Denn der politische Prozess endet mit der Bestellung von Produkten in einer bestimmten Qualität und Menge zu einem bestimmten Preis, die die Polizei anschließend mit einem vorgegebenen Mittelvolumen (Budget) herzustellen hat.

Anhand von Produkten lassen sich also deren Erstellungskosten mit der Qualität und Menge verknüpfen. So lässt sich von vornherein festlegen, dass die Polizei ihre Produkte im Rahmen von Wirtschaftlichkeitsüberlegungen erstellt, weil begründet werden muss, welche Leistungen welche Kosten notwendig verursachen (**Abbildung 20**, Seite 67).

Die Kosten werden dabei über vorgegebene Qualitätsstandards beeinflusst, wie umgekehrt Kostenvorgaben die mögliche Qualität beeinflussen. Über die Qualitätszielerreichung, also die Outputqualität, kann eine bestimmte Wirkung(squalität) (Outcome) erreicht werden. Outcomequalität (= Wirkungserfolg) setzt die Erfüllung von Qualitätsstandards auf der Outputseite voraus (der Einsatz von „billigen" Polizeifachhochschulstudierenden im ersten Semester wird wohl kaum den gewünschten Outcome, nämlich „Erhaltung der öffentlichen Sicherheit" durch geschickte Deeskalation bei Demos der sog. „autonomen Szene", erbringen. Hierfür sind wohl eher ausgebildete, erfahrene, aber eben auch „teure" Einsatzkräfte erforderlich).

Um anhand von Produkten das polizeiliche Handeln in qualitäts- und kostenbezogener Hinsicht steuern zu können, ist ein **Produktbogen** erforderlich (**Abbildung 21**, Seite 67), der Angaben über die Art des Produktes, dessen gewünschte Effekte (Outcome) und die wichtigsten qualitäts- und kostenbezogenen Steuerungsparameter enthält (**Abbildung 22**, Seite 68).

Bevor man mit Produkten steuern kann, müssen diese zunächst definiert werden. Die Definition von Produkten ist deshalb der erste Schritt zu einer outputorientierten Steuerung und einem Produkthaushalt. Das Ergebnis der Definition von Produkten ist der **Produktplan**. Er bildet sämtliche Produkte der zu steuernden Polizeieinheit (z.B. Polizeipräsidium) systematisch ab und ordnet diesen auf jeder Aggregationsebene die für ein Controlling relevanten Zielgrößen (Qualität, Menge, Kosten) anhand von Kennzahlen zu (**Abbildung 21 und Abbildung 22**). Da die alleinige Definition von Einzelprodukten für produktübergreifende Steuerungsbereiche/Haushaltsbereiche zu unübersichtlich ist, werden Produktgruppen und Produktbereiche gebildet. Produktgruppen, etwa „Verkehrssicherheit" oder „Veranstaltungssicherheit" und „Objektsicherheit" für ein Bezirksrevier, sind zusammenfassende Kategorien von Produkten (z.B. „Alkoholkontrollen", „Streifenfahrten"). Produktbereiche (z.B. „Gefahrenabwehr") sind zusammenfassende Kategorien von Produktgruppen („Verkehrssicherheit", „Veranstaltungssicherheit", „Objektsicherheit" u.s.w.). **Abbildung 23** (Seite 68) zeigt ausrissweise einen Produktplan für ein Polizeipräsidium. **Abbildung 24** (Seite 69) zeigt die Verbindung des Produktplans mit den verschiedenen „Produktionsbeiträgen" (Leistungen) der an der Produkterstellung Beteiligten.

Für die Produktdefinition werden in der Regel zunächst Produktbereiche und davon abgeleitete Produktgruppen gebildet, die wiederum in einzelne Produkte aufgeschlüsselt werden. Zunächst werden dabei, ausgehend von einem **Aufgabengliederungsplan** „top-down" Produktbereiche und Produktgruppen als Basis für die eigentliche Produktdefinition gebildet. Im folgenden Schritt sind – bottom-up –, ausgehend von einem **Kostenstellenplan**, die kostenstellenbezogenen Leistungen zu erfassen, die in die Produkte einfließen bzw. aus denen sich das Produkt zusammensetzt.

Produkthaushalte werden in Form einer additiven Mittelplanung erstellt, indem auf Produktebene Produktbudgets gebildet werden, die dann zu Produktgruppenbudgets und Produktbereichsbudgets zusammengefasst werden. Anhand des Produktplanes ist auch eine differenzierte Budgetierung einzelner Bereiche, Abteilungen oder Kostenstellen möglich, indem etwa der Leistungsbeitrag einer Kostenstelle zu einem bestimmten Produkt kostenmäßig und anteilig bewertet wird. Die Ermittlung eines Produktbudgets erfolgt auf der Basis der Multiplikation der Produkteinzelkosten mit der geplanten Produktionsmenge mit

$$\text{Budget}_{\text{Produkt}} = \text{Produkteinzelkosten} \times \text{Planmenge}_{\text{Produkt}}$$

Bei der **Budgetermittlung** geht es um die leistungsabhängige Vorausberechnung des Produktbudgets. Die im Produktplan ausgewiesenen „Produktverantwortlichen" haben neben der Verantwortung für das Erreichen von Leistungszielen (Output) auch die Verantwortung für den „Budgetverbrauch", also **Wirtschaftlichkeitsverantwortung** bei der Leistungserstellung. Um ihrer Wirtschaftlichkeitsverantwortung gerecht zu werden, benötigen die Produkt- bzw. Budgetverantwortlichen das Instrumentarium eines leistungsbezogenen **Budgetcontrolling (Abbildung 25)**. Denn Budgets konkretisieren Zielgrößen, bei deren Abweichung untersucht werden muss, welche Ursachen für die Abweichung verantwortlich (z.B. unwirtschaftliche Leistungserstellung mit „zu hohen“ Kosten und deshalb vom Plan abweichenden Budgetverbrauch) sind.

Der Produktansatz in Verbindung mit einer Kosten- und Leistungsrechnung ermöglicht es aber auch, Qualität und Kosten in ein optimales Verhältnis zu bringen. Etwa kann man fragen, welche Qualität zu welchen Kosten realisierbar ist und ob bestimmte Qualitätsverluste angesichts der dadurch erzielbaren Kosteneinsparungen „hinnehmbar“ sind.

Beispiel:
Soll nach einem bewaffneten Banküberfall grundsätzlich eine „teure“ Ringfahndung erfolgen, mit der sich – sagen wir 70 % – der Täter fassen lassen oder tut es auch eine wesentlich „billigere“ Spurensicherung mit Videoüberwachungsmaterialauswertung, bei der allerdings nur 60 % der Täter gefasst werden können. Die Entscheidung darüber, welche Qualität das Produkt „Überführung von Bankräubern“ tatsächlich aufweisen soll, ist Sache der Politik. Die Polizeiführung ist allerdings gefordert, der Politik die Kosten aufzuzeigen, die mit bestimmten Qualitäten dieses Produktes verbunden sind.

3.3.4 Dezentrale Fach- und Ressourcenverantwortung und Controlling

Wenn die **Politik** im Neuen Steuerungsmodell als „Leistungsfinanzierer und Leistungsbesteller“ und die **Polizei** als „Leistungsproduzent“ fungiert, der zudem die Verantwortung für eine wirtschaftliche, d.h. unter Einbehaltung des vorgegebenen Budgetrahmens erfolgende Leistungserstellung trägt, dann ist die Verantwortung für die Einhaltung von Leistungs- oder Qualitäts- und Kostenzielen (oder Bugeteinhaltungszielen) Sache der Polizei. Denn die Polizei nimmt als autonomer Produzent die Produktion der bestellten Leistungen bzw. Umsetzung der politisch gewünschten und kontraktuell vereinbarten Ziele wahr. Diese „Verantwortungsdelegation“ auf den Produzenten (Polizei) bezeichnet man als **„dezentrale Ergebnis- und Ressourcenverantwortung“**. Dezentrale Ergebnis- und Ressourcenverantwortung bedeutet, dass alle relevanten Entscheidungen, die die Leistungserstellung betreffen, vom Produzenten selbst getroffen werden. Mit anderen

Worten: Die Politik hat sich aus dem Eingreifen in den Produktionsprozess weitgehend herauszuhalten. Sie verzichtet auf eine Detailsteuerung. Das Modell einer dezentralen Ergebnis- und Ressourcenverantwortung kann aber nur dann funktionieren, wenn ein ganz bestimmter Mechanismus vorhanden ist, nämlich

3.3.5 Controlling

Denn der Verlust an **Detailsteuerung** der Polizei durch die Politik wird durch ein Controlling ausgeglichen, bei dem die politischen Entscheider und die „Produktverantwortlichen" (Revierleiter) laufend Informationen über die Zielerreichung erhalten und so im „Abweichungsfall" Korrekturmaßnahmen in Gang setzen können. Darüber hinaus stehen der Politik und den Produktverantwortlichen für eine Ergebnissteuerung die Informationen aus dem **Wirkungscontrolling** zur Verfügung. Im Wirkungscontrolling werden die Ergebnisse der polizeilichen Tätigkeit (Outcome) in ein Verhältnis zu den politisch gewünschten Zielen (Outcome) gebracht, um festzustellen, ob und inwieweit die erstellten Outputs tatsächlich einen Beitrag zum Erreichen der politischen Ziele leisten.

Wenn die mit dezentraler Ergebnis- und Ressourcenverantwortung ausgestatteten Leistungsproduzenten für die Einhaltung der im Kontraktmanagement vereinbarten Kosten- und Leistungsvorgaben verantwortlich sind, müssen sie aber auch die Möglichkeit haben, sich laufend auf ihrem Zielerreichungsweg beobachten und gegebenenfalls – im Falle von Abweichungen – korrektiv steuern zu können. Erforderlich ist deshalb eine **laufende Selbstkontrolle**, die als **Frühwarnsystem** Abweichungen rechtzeitig sichtbar macht und den produktverantwortlichen Führungskräften als **Steuerungsinformation** zur Kenntnis bringt. Diese Steuerungsinformationen werden als **Berichte** bezeichnet. Berichte enthalten übersichtliche Darstellungen der steuerungsrelevanten Kennzahlen mit ihren Soll- und Ist-Werten sowie einer Ursachenanalyse von Abweichungen. Hierzu zählen auch Trendprognosen, die Auskunft über erwartbare Ist-Entwicklungen im Hinblick auf einen Soll-Wert, also **Abweichungsprognosen,** liefern.

Die Information dieser Berichte ist Grundlage für die Produktverantwortlichen, Entscheidungen über Maßnahmen zur Adjustierung aus dem Ruder laufender Entwicklungen zu fällen (**Abbildung 25**, Seite 69). Um die genannten Funktionen wahrnehmen zu können, bietet das Controlling ein umfangreiches Instrumentarium, den „**Werkzeugkasten des Controlling**".

3.4 Zusammenfassung

Das „Neue Steuerungsmodell“ ist ein System, das der Polizei eine Hilfestellung bietet, ihre „Sicherheitsprodukte“ kostenbewusst und doch zugleich „wirkungsvoll“, also effizient und effektiv, herzustellen. Der vorgestellte Produktansatz bietet dabei die Grundlage für eine differenzierte KLR, in der die Produkteinzelkosten ermittelt werden. Die Kenntnis der Produkteinzelkosten ist wiederum die Grundlage für

- die Berechnung von Produkt-, Produktgruppen- und Produktbereichsbudgets,
- Abstimmung von Qualität und Kosten,
- Berechnung von Kostendeckungsgebühren bei Serviceleistungen der Polizei (etwa die Kosten für eine Stunde Personen- oder Objektschutz).

Abbildung 15

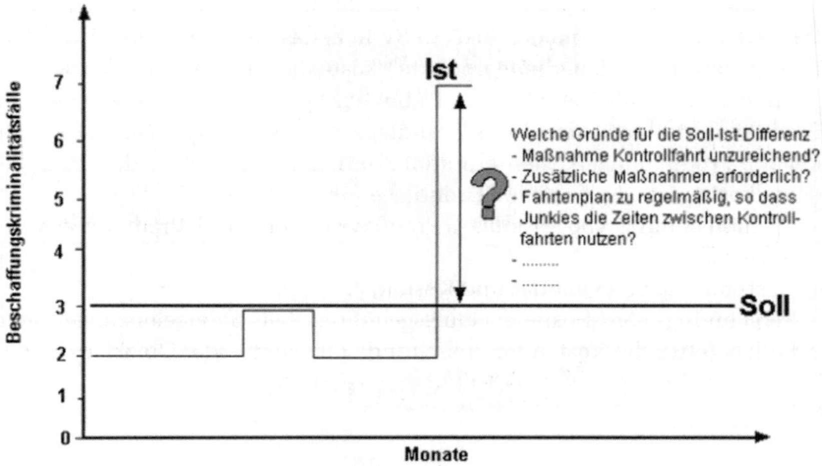

Abbildung 16

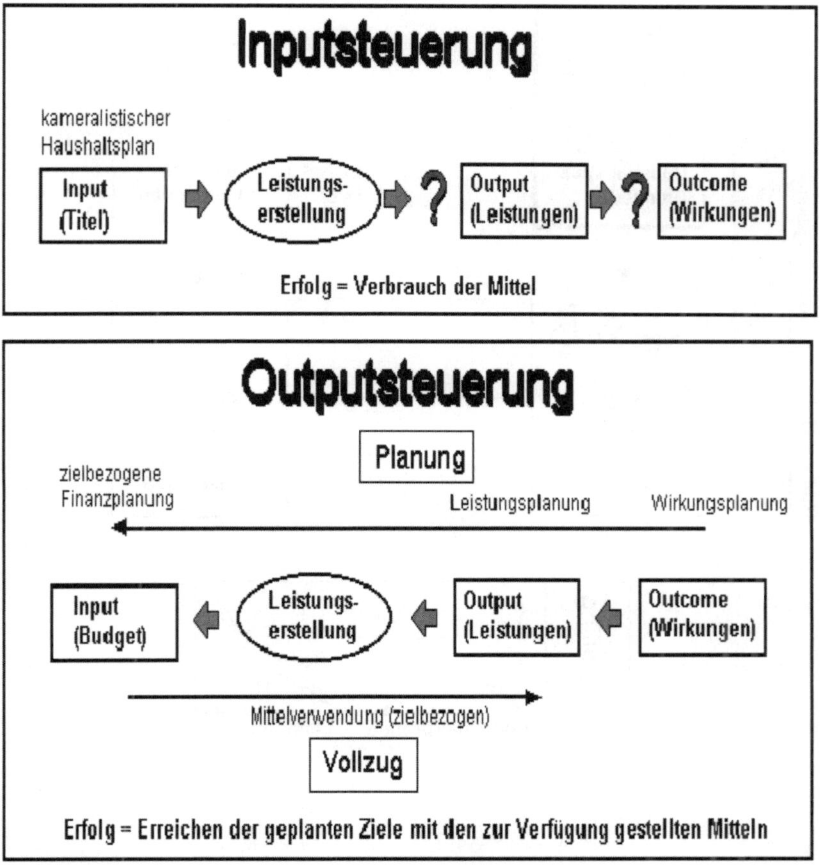

Abbildung 17

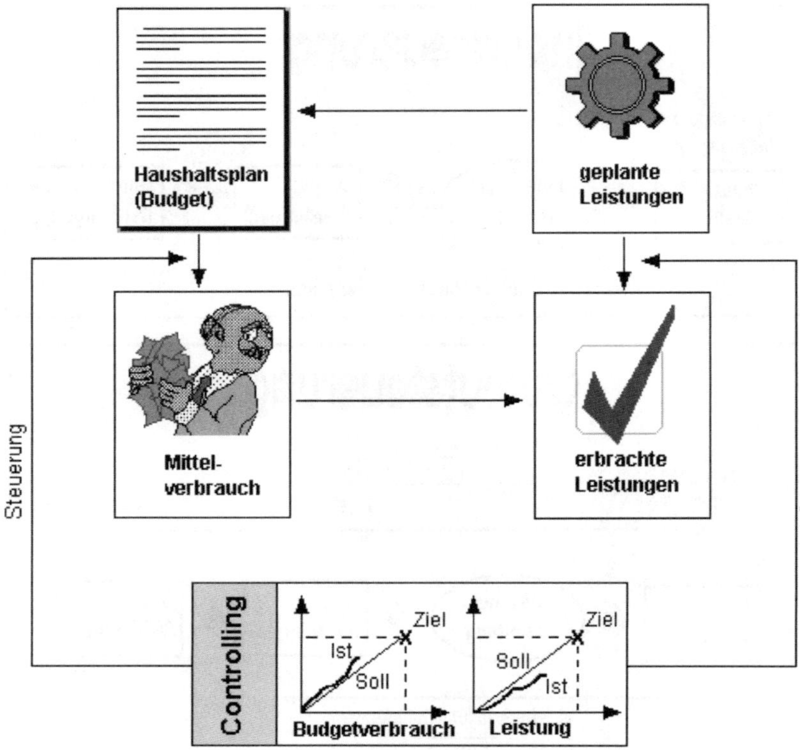

Abbildung 18

Abbildung 19

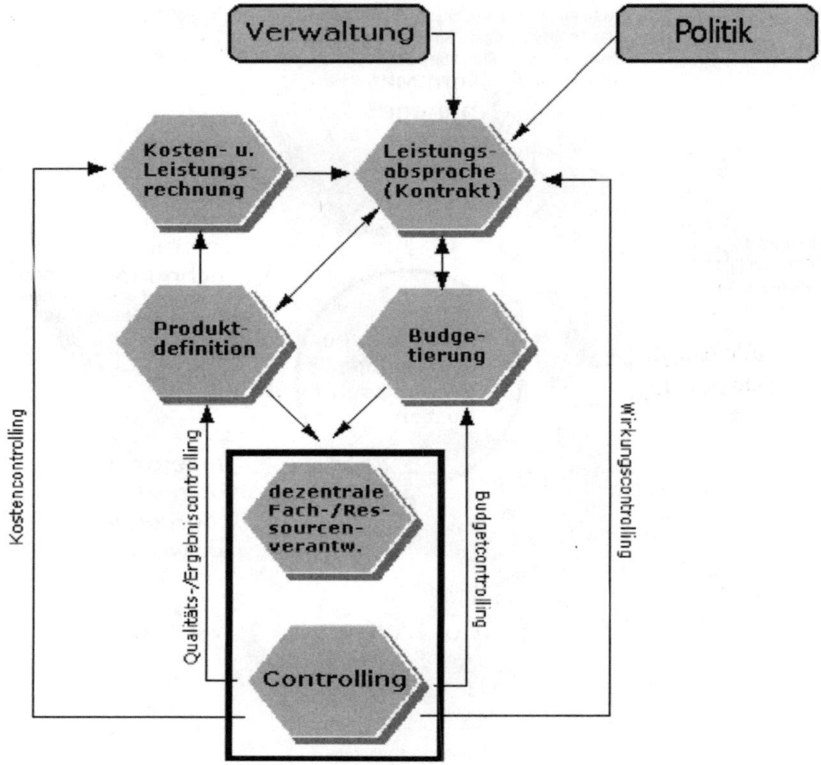

Abbildung 20

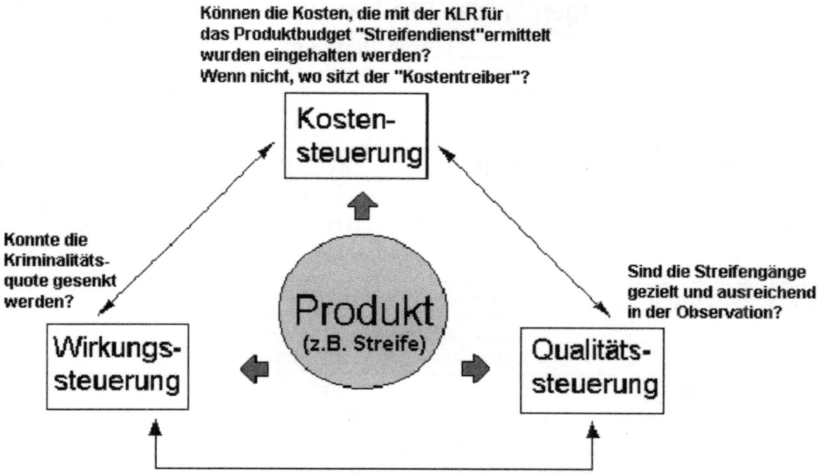

Abbildung 21

Produktbogen·für·das·Produkt·„Alkoholkontrolle"

Produktbereich Gefahrenabwehr	**Produktgruppe** Verkehrssicherheit	
Produktbeschreibung Alkoholkontrolle	**Produktkennziffer lt. Produktplan**	
Beschreibung des Leistungsumfanges	- Kontrollen an Risikopunkten (Diskos) - Kontrollen an Risikotagen (Fasching) - Nicht Vorhersehbarkeit der Kontrollen	
Adressaten intern -------	**Adressaten extern** Straßenverkehrsteilnehmer	**Rechtsgrundlage** § xy, ABC § ab, DEF
Leistungsoutput	- Reduktion von Unfällen durch Abschreckung - Reduktion von Unfällen durch Aufdeckung - Prävention von Unfällen durch Fahrerlaubnis-entzug bei alkoholabhängigen Personen	
Qualitätsziele regelmäßige Kontrollen in Risikobereichen, bei Risikogruppen und an Risikotagen	**Kennzahl** - Anzahl der entdeckten Alkoholtäter - Anzahl der alkoholbedingten Unfälle - Anzahl der Beschwerden	
Mengenbezogene Ziele Flächendeckende und regelmäßige aber nicht vorhersehbare Kontrollen	**Kennzahl** - Anzahl der entdeckten Verdachtspersonen mit Alkoholtest. - Anzahl der Kontrollen insgesamt im Zeitraum x.	
Wirtschaftlichkeitsziele Kostenwirtschaftliche Durchführung der Kontrollen	**Kennzahl** Kosten pro Kontrolle, Gesamtkosten, Personalkostenanteil, Durchschnittsdauer einer Kontrolle.	

Abbildung 22

Anhang zum Produktbogen "Alkoholkontrolle" (Steuerungsbogen)
Produktverantwortliche/r:
Zielerreichungs-Vorgaben (Soll-Werte) zu erreichen bis:
Qualitative Ziele — - 50% weniger alkoholbedingte Unfälle im Kontrollzeitraum ....
Wirtschaftliche Ziele — - maximal 25 € Kosten für eine Einzelkontrolle - weniger als 5 Minuten Kontrollzeit pro Einzelkontrolle - Gesamtkosten aller Kontrollen am Kontrolltag ....

Abbildung 23

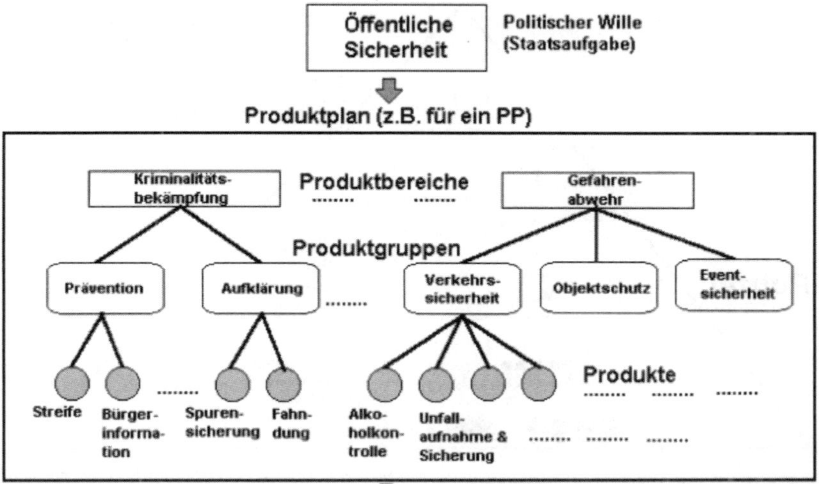

Fragen:

Was "kostet" ein Produkt? - Wie hoch ist das Produktbudget? - Welche Qualität muss gewährleistet sein?

Abbildung 24

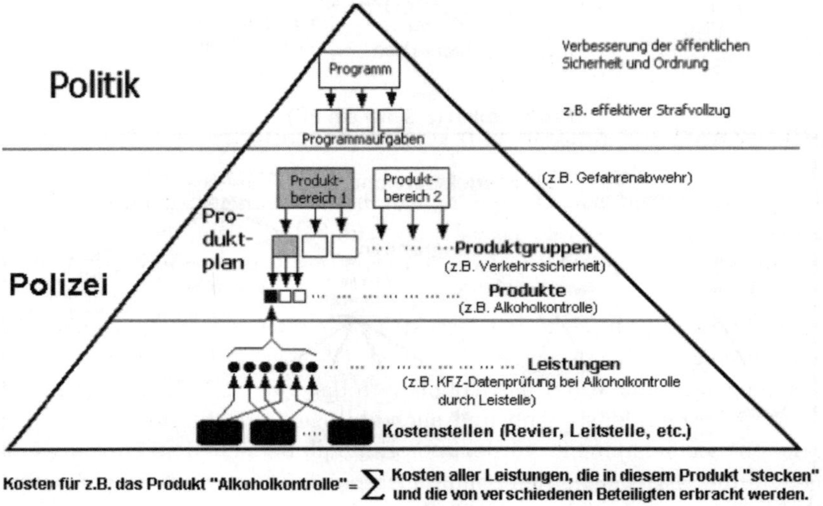

Abbildung 25

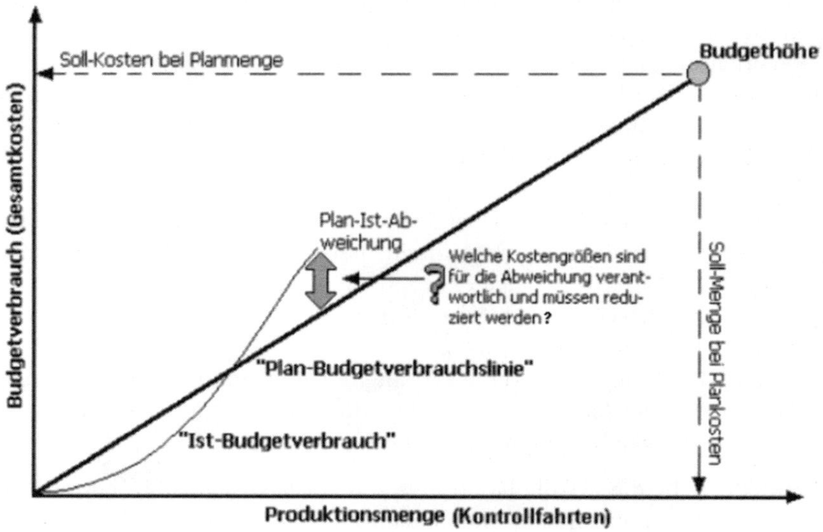

4 Kosten- und Leistungsrechnung

4.1 Zweck der Kosten- und Leistungsrechnung

Die polizeilichen Leistungen werden an ihren Ergebnissen gemessen. Diese äußerlich sichtbaren Ergebnisse können anhand der Kriminalstatistik, Aufklärungsquote oder dem Rückgang schwerer Verkehrsunfälle gemessen werden.

Was diese Ergebnisse kosten, lässt sich zwar anhand der Ausgaben für die Polizeiarbeit im Landeshaushalt ablesen. Ob aber bestimmte polizeiliche Leistungen/Produkte, etwa Alkoholkontrollen oder Ringfahndungen, besonders kostenintensiv sind und auch „billiger" erstellt werden könnten oder ob es sich „lohnen" würde, in bestimmten Bereichen mehr oder weniger zu tun, lässt sich an den Landesausgaben für die Polizei nicht ablesen. Denn für was, wo und wen die Kosten genau anfallen, darüber kann der Landeshaushalt der Polizei keine Auskunft geben.

In Zeiten knapper finanzieller Mittel bei gleichzeitig wachsenden polizeilichen Aufgaben (z.B. zunehmende Kinder- und Jugendkriminalität) ist es aber von besonderer Bedeutung zu wissen, welche polizeilichen Leistungen besonders viel Geld verschlingen und wie bedeutsam diese für die Aufrechterhaltung der öffentlichen Sicherheit sind. Deshalb ist es erforderlich, mit Hilfe der Kosten- und Leistungsrechnung eine höhere Transparenz in der täglichen Polizeiarbeit zu schaffen, indem künftig alle Aktivitäten der Polizei kostenmäßig erfasst und Produkten zugeordnet werden.

Im Produkt fließen gewissermaßen Kosten und Leistung zusammen, sodass

- die Kosten für eine Leistungseinheit transparent gemacht werden können,
- Kostensenkungspotenziale erkannt werden können (warum ist eine bestimmte Leistung so „teuer"?),
- „teure" Leistungen mit wenig Wirkung erkannt und gestrichen werden können und die dadurch freigesetzten Mittel für „billige", aber wirkungsvolle Leistungen bereitgestellt werden.

Produkte (z.B. die Alkoholkontrolle) sind also kostenmäßig bewertbare Ergebnisse des polizeilichen Handelns, weil das Produkt die Leistungsbeiträge verschiedener Beteiligter (Polizisten vor Ort, Funkleitstelle, Stelle für den Fahndungsabgleich und Verkehrssünderregisterabgleich usw.) enthält. Diese Leistungsbeiträge oder Einzelleistungen können kostenmäßig bewertet werden, sodass die Summe der Kosten der Einzelleistungen, die im Produkt „stecken", die Produkteinzelkosten sind (**Abbildung 26**, Seite 82).

Unter einer **Leistung** versteht man eine auf den „Produktionszweck" (z. B. Verkehrssicherheit) ausgerichtete Gütererstellung oder Dienstleistungshandlung (z.B. Alkoholtest).

Unter einem **Produkt** versteht man das Gesamtergebnis, zu dem ein Leistungsbündel führt (z.B. besteht das Produkt „Verkehrskontrolle" aus den Leistungen „Alkomattest", „Fahrzeugpapierkontrolle", „Fahndungslistenabgleich" und „Verkehrsregisterabgleich").

Da jede Leistung einen kostenbehafteten Produktionsfaktorverzehr bedeutet (z.B. Arbeitszeit der Polizisten, Abnutzung der Einsatzfahrzeuge und Funkgeräte bei der Verkehrskontrolle), kann man auch die Produktkosten bestimmen, die ja nichts anderes als die Summe der Kosten der im Produkt „steckenden" Leistungen sind. Unter **Kosten** versteht man deshalb den in Geld bewertbaren Produktionsfaktorverzehr oder Ressourcenverbrauch, der eben zur Erstellung der Leistungen oder des Produktes/zur Erstellung einer Leistung oder eines Produktes notwendig ist.

Erst anhand der Definition von Produkten und der Zuordnung von Leistungen zu diesen Produkten kann man die Kosten für ein einzelnes Produkt ermitteln.

Genau hierzu, nämlich zur Ermittlung der Kosten eines Produktes, wendet die Polizei das „Recheninstrument" der Kosten- und Leistungsrechnung (KLR) an. Das Ziel der KLR besteht darin, die Kosten für eine Einheit eines polizeilichen Produktes (**eine** Personenfahndung, **eine** Verkehrskontrolle, **eine** Unfallstellensicherung, usw.) zu bestimmen. Den Produkten werden dann Budgets zugewiesen. Die Höhe eines „Produktbudgets" errechnet sich dann aus der Multiplikation der Kosten für eine Produkteinheit und der vermuteten „Produktionsmenge" (**Abbildung 27**, Seite 82).

Erst wenn die Kosten für ein Produkt bestimmt sind, weiß die Polizei, wie viele „Staatsgelder" etwa für die Bekämpfung der Rauschgiftkriminalität oder Aufklärung von Sexualverbrechen verwendet wurden, ob der geplante Budgetrahmen eingehalten wurde und wenn nicht, worauf die Nichteinhaltung des Budgets zurück zu führen ist.

4.2 Berechnungsschema der Kosten- und Leistungsrechnung

Das Ziel der Kosten- und Leistungsrechnung (KLAR) ist, wie gesagt, die Berechnung der Kosten für eine Produkteinheit. Produkte bezeichnet man auch als **Kostenträger (z.B. Verkehrskontrolle)**, denn das Produkt ist sozusagen der Esel, auf dessen Rücken die Kosten für die verschiedenen Leistungen gepackt werden. Es wurde weiterhin festgestellt, dass die Einzelleistungen, die in ein Produkt einfließen, durchaus von verschiedenen Beteiligten erbracht werden. Diese an der Erstellung eines Produktes „Beteiligten" bezeichnet man als **Kostenstellen (z.B. Polizisten vor Ort, Funkleitstelle, Datenabgleichstelle/Fahndungsstelle)**. Bei jeder Kostenstelle, etwa unserem Polizeiteam, das eine Verkehrskontrolle durchführt, fallen aber nicht nur **Personalkosten** (Gehalt der Polizisten), sondern auch **Materialkosten** (Papier und Kugelschreiber zur Dokumentation, Mundstück und Desinfektion für Alkotestgerät, Benzinverbrauch des Polizeiwagens usw.) sowie **kalkulatorische Kosten** (z.B. Abnutzung des Polizeiwagens) an. Wir haben es also bei einem Produkt mit Leistungen zu tun, die wiederum verschiedene **Kostenarten** enthalten können (**Abbildung 26**, Seite 82).

Halten wir bis hierhin fest:
Die Kosten eines Produktes setzen sich aus verschiedenen Kostenarten zusammen, die für die Leistungen anfallen, die verschiedene Kostenstellen zum Produkt beigesteuert haben.
Deshalb erfolgt eine Kostenleistungsrechnung stets in drei aufeinander folgenden Schritten, nämlich
- Kostenartenrechnung (erster Schritt),
- Kostenstellenrechnung (zweiter Schritt) und
- Kostenträgerrechnung (dritter Schritt).

4.2.1 Kostenartenrechnung

Die Kostenartenrechnung beantwortet die Frage „**Welche** Kosten sind in welcher Höhe angefallen?" Dazu werden für jede Kostenstelle die Material- und Personalkosten ermittelt und addiert, die auf dieser Kostenstelle im Laufe eines Wirtschaftsjahres angefallen sind. Anschließend werden die sogenannten „**Gemeinkosten**" erfasst. Bei den Gemeinkosten handelt es sich um Kosten, die für die Gemeinschaft entstanden sind, etwa die Kosten für Heizung und Heizungswartung bei einer Zentralheizung oder die Unterhaltungskosten für ein Gebäude, in dem die Kostenstellen untergebracht sind (z.B. Autobahnpolizeistation).

4.2.2 Kostenstellenrechnung

Die Kostenstellenrechnung ist der nächste Schritt und baut auf der Kostenartenrechnung auf. Die Kostenstellenrechnung beantwortet die Frage „**Wo** sind Kosten in welcher Höhe angefallen?" Der Kern der Kostenstellenrechnung besteht deshalb darin, insbesondere die „Gemeinkosten" auf die Kostenstellen zu verteilen und den Kostenstellen die Kosten für in Anspruch genommene Leistungen anderer Kostenstellen (z.B. Anfrage der Kostenstelle „Personenfahndung" eines Polizeireviers bei einer Kostenstelle im BKA zur Prüfung, ob eine festgenommene Verdachtsperson in der Fahndungsliste steht) anzurechnen.

Die Kostenstellenrechnung selbst ist in zwei Schritte unterteilt:
- Primärkostenerfassung und Primärkostenumlage,
- Kostenstellenumlage.

4.2.2.1 Primärkostenerfassung und Primärkostenumlage

Zu den auf jeder Kostenstelle erfassten Personal- und Materialkosten müssen noch die sogenannten „Anlagegemeinkosten" addiert werden, etwa die Heizkosten bei einer Zentralheizung und anteilige Gebäudekosten. Diese Kosten werden **anteilig nach bestimmten Umlageschlüsseln** berechnet. Solche Umlageschlüssel können für die anteilige Berechnung der Heizkosten das Raumvolumen oder die Anzahl der Heizungsrippen bei einer Kostenstelle sein. Im Falle der anteiligen Gebäudekosten kann dies z.B. die Quadratmeterzahl sein, nach der die Gebäudekosten auf die Kostenstellen verteilt werden. Sind die Primärkosten für jede Kostenstelle ermittelt, erfolgt die Kostenstellenumlage.

4.2.2.2 Kostenstellenumlage

Mit der Kostenumlagerechnung werden die Kosten der sogenannten „**Gemeinkostenstellen**" (z.B. Revierleitung) und der sogenannten „**Vorkostenstellen**" (z.B. Stelle für Fahndungsdaten- und Verkehrszentralregisterabfragen mit POLAS, Funkleitstelle usw.) auf die „**Endkostenstellen**" (z.B. Polizei-Einsatzteams) verrechnet. Denn die „Gemeinkostenstellen" und

„Vorkostenstellen“ liefern ja Unterstützungsleistungen für die eigentlichen Leistungsproduzenten, die eben „Endkostenstellen“ genannt werden. Diese Unterstützungsleistungen, etwa Einsatzkoordination durch den Revierleiter, unmittelbare Fahndungsdatenabfrage und Funkverkehrabwicklung sind Vorraussetzung dafür, dass unsere Einsatzteams vor Ort ihre Aufgaben, etwa eine Verkehrskontrolle überhaupt sinnvoll durchführen können.

Man könnte auch sagen, die Endkostenstellen sind die „eigentlichen Leistungsproduzenten“ oder Stellen, an denen eine Leistung an den Bürger abgegeben wird (**Abbildung 28**, Seite 83). Wenn aber die Vorkostenstellen für die Endkostenstellen Dienste liefern, die von den Endkostenstellen sozusagen „konsumiert“ werden, dann muss man fairerweise den Endkostenstellen auch die Kosten für diese Dienste (Leistungen) „ans Bein binden“. Genau dies ist die Aufgabe der Kostenumlagerechnung.

Im **ersten Schritt der Kostenumlagerechnung** werden die Kosten der Gemeinkostenstellen auf die Vorkosten- und Endkostenstellen verteilt. Dies geschieht in der Regel nach einem Umlageschlüssel, der „**Gemeinkostenzuschlag**“ genannt wird. Der Gemeinkostenzuschlag ist der prozentuale Anteil der Gemeinkosten an den Kosten der übrigen Kostenstellen. Entsprechend wird den Vor- und Endkostenstellen zu ihren bisherigen Kosten genau dieser Zuschlagsatz hinzugerechnet. Da die Kosten der Gemeinkostenstelle jetzt verteilt sind, ist diese „aufgelöst“ und kann aus der Berechnung „gestrichen“ werden (**Abbildung 29**, Seite 84).

Im zweiten Schritt der Kostenumlagerechnung werden die Kosten der Vorkostenstellen auf die Endkostenstellen verteilt. Dies erfolgt ebenfalls nach einem Umlageschlüssel, der sich an der **Leistungsmenge der Endkostenstellen** orientiert (z.B. Einsatzfahrten oder Verkehrskontrollen). Durch diesen Umlageschlüssel soll eine „einigermaßen gerechte“ Kostenumlage erfolgen, weil davon auszugehen ist, dass diejenigen Endkostenstellen, die mehr als andere Endkostenstellen produzieren, aufgrund ihrer größeren Produktionskapazität auch mehr Vorleistungen der Vorkostenstellen in Anspruch nehmen (wer mehr Verkehrskontrollen durchführt, wird auch mehr Fahndungsabfragen in Anspruch nehmen). Die Kosten der Vorkostenstellen sind jetzt auf die Endkostenstellen verteilt, d.h., die Vorkostenstellen sind ebenfalls „aufgelöst“ und können ebenfalls „gestrichen werden. Was übrig bleibt, sind allein die Endkostenstellen, deren Kosten nach der Kostenumlage natürlich ziemlich „aufgebläht“ sind (**Abbildung 30**, Seite 85).

4.2.3 Kostenträgerrechnung

Sind die Kosten durch die Kostenstellenrechnung auf die Produzenten „umgelegt", können die Kosten für eine Produkteinheit oder ein Produkt, den Kostenträger, ermittelt werden. Dies erfolgt im einfachen Fall mittels Division der Kosten der Endkostenstelle durch die Anzahl der im Betrachtungszeitraum erstellten Produkte (**Abbildung 31**, Seite 86).

Soll nun etwa für das kommende Haushaltsjahr der Finanzmittelbedarf für z.B. das Produkt „Alkoholkontrolle" ermittelt werden, kann dies sehr rasch dadurch erfolgen, indem man die ermittelten Kostenträgerkosten mit der für dieses Haushaltsjahr geplanten Anzahl der Alkoholkontrollen multipliziert. Das Ergebnis wäre dann unser Produktbudget für „Alkoholkontrollen", das dem zuständigen Dienststellenleiter für die Durchführung der geplanten Anzahl Alkoholkontrollen zur Verfügung gestellt wird.

Zusammenfassend stellt **Abbildung 32**, (Seite 87) nochmals die Logik der Vorgehensweise für eine Kosten- und Leistungsrechnung dar.

Im folgenden Kapitel wollen wir unser Wissen anwenden, indem wir eine komplette Kosten- und Leistungsrechnung anhand eines einfachen Beispiels durchführen.

4.3 Beispiel für eine „komplette" Kosten- und Leistungsrechnung

Sachverhalt:

Ein Revier weist die beiden Endkostenstellen „Autobahnstreife" und „Innenstadtstreife" (jeweils 2 Beamte und ein Einsatzfahrzeug) auf. Hinzu kommen die Kostenstellen „Funkleitstelle" und „POLAS-Abfragen". Das Revier hat weiterhin einen Revierleiter und befindet sich in einem relativ alten Gebäude, das recht ordentliche Bauerhaltungskosten in Höhe von 5.000 € pro Jahr verschlingt. Die folgende Tabelle gibt die Kosten- und Leistungsdaten der Kostenstellen für das vergangene Jahr wieder:

Kostenstelle	Materialkosten	Personalkosten	Gesamtkosten	Quadratmeter im Gebäude	Anzahl der Einsätze
Team „Autobahnstreife"	30.000 €	150.000 €	180.000 €	80	500
Team „Innenstadtstreife"	25.000 €	120.000 €	145.000 €	50	300
Funkleitstelle	5.000 €	40.000 €	45.000 €	20	
POLAS	3.000 €	44.000 €	47.000 €	20	
Revierleitung	2.500 €	62.500 €	65.000 €	30	

Abbildung 33 zeigt das Ganze im Zusammenhang.

Aufgabe:

Wie hoch sind die Produktbudgets für „Autobahnstreife" und „Innenstadtstreife", wenn im kommenden Jahr mit 600 Autobahnstreifen und 275 Innenstadtstreifen gerechnet wird?

Lösung:

Erster Schritt: Primärkosten vervollständigen

Die bisher auf den Kostenstellen erfassten Primärkosten, nämlich Material- und Personalkosten sind zu ergänzen um die Umlage der Bauerhaltungskosten, denn das Gebäude wird ja von jeder Kostenstelle genutzt. Der Kostenumlageschlüssel sind die Quadratmeter.

Gesamtfläche des Gebäudes: 200 qm
Kosten für 1 Quadratmeter: 5000 € / 200 qm = 25 €
Umlagekosten für Revierleitung: 30 qm × 25 € = 750 €
....
.... Umlage für alle anderen Kostenstellen ....
....
Umlagekosten für Autobahnstreife: 80 qm × 25 € = 2.000 €

Die folgende Tabelle gibt das bisherige Ergebnis wieder:

Schritt	Kostenstellen				
	Autobahn-streife	Innenstadt-streife	Funkleitstelle	POLAS	Revierleitung
Material- und Personal-kosten	180.000 €	145.000 €	45.000 €	47.000 €	65.000 €
Umlage Gebäude-kosten (1)	2.000 €	1.250 €	500 €	500 €	750 €
Summe	182.000 €	146.250 €	45.500 €	47.500 €	65.750 €

Zweiter Schritt: Umlage der Kosten der Gemeinkostenstellen

In diesem Schritt werden die Kosten der Gemeinkostenstelle „Revierleitung" auf alle Vor- und Endkostenstellen „umgelegt". Dies erfolgt, indem der „prozentuale Gemeinkostenzuschlagsatz" zu den bisherigen Kosten der Kostenstellen addiert wird. Der prozentuale Gemeinkostenzuschlagsatz errechnet sich mit:

$$\text{GK-Zuschlagsatz in \%} = \left[\frac{\text{Summe der Gemeinkosten}}{\text{Summe der bisherigen Kosten aller Kostenstellen}}\right] \times 100$$

Die Gemeinkosten betragen nach Schritt 1 jetzt 65.750 €. Die Summe der Kosten aller anderen Kostenstellen beträgt 421.250 € (182.000 € + 146.250 € + 45.500 € + 47.500 €).

GK-Zuschlagsatz in % = (65.750 € / 421.250 €) × 100 = 15,61 %.

Dieser Zuschlagsatz wird anhand der bisher bei den Kostenstellen angefallenen Kosten zu diesen Kosten addiert:

POLIS-Zuschlag = 47.500 € × 0,1561 = 7.415 €
Funkleitstellenzuschlag = 45.500 € × 0,1561 = 7.103 €
Zuschlag Innenstadtstreife = 146.250 € × 0,1561 = 22.830 €
Zuschlag Autobahnstreife = 182.000 € × 0,1561 = 28.410 €

Die folgende Tabelle zeigt die Ergebnisse:

Schritt	Kostenstellen				
	Autobahnstreife	Innenstadtstreife	Funkleitstelle	POLAS	Revierleitung
Material- und Personalkosten	180.000 €	145.000 €	45.000 €	47.000 €	65.000 €
+ Umlage Gebäudekosten (Schritt 1)	2.000 €	1.250 €	500 €	500 €	750 €
= Summe	182.000 €	146.250 €	45.500 €	47.500 €	65.750 €
+ Umlage Revierleitung (Schritt 2)	28.410 €	22.830 €	7.103 €	7.415 €	
= Summe	210.410 €	169.080 €	52.603 €	54.915 €	

Dritter Schritt: Umlage der Kosten der Hilfskostenstelle „POLAS“

Die Umlage der Kosten der Hilfskostenstellen erfolgt, indem ebenfalls mit einem geeigneten Umlageschlüssel die Kostenanteile berechnet werden, die von den Hilfskostenstellen auf die Endkostenstellen umgelegt werden. Es ist zu beachten, dass die Kostenumlage ausschließlich auf die Endkostenstellen erfolgt.

Ein geeigneter Verteilerschlüssel zur Kostenumlage ist die Anzahl der Streifen. Für die beiden Kostenstellen zusammen beträgt die Gesamtzahl der Streifen 800. Entsprechend kann für jede Endkostenstelle nun der Prozentsatz „ihres“ Streifenanteils (Produktionsmengenanteils) berechnet werden:

Streifenanteil „Autobahnstreife“ = (500 / 800) × 100 = 62,5 %
Streifenanteil „Innenstadtstreife“ = (300 / 800) × 100 = 37,5 %

Von den bisher ermittelten Kosten der Hilfskostenstelle „POLAS“ werden 62,5 % der Endkostenstelle „Autobahnstreife“ und 37,5 % der Endkostenstelle „Innenstadtstreife“ angehängt.

Kostenumlageanteil POLAS für
„Innenstadtstreife“ = 54.915 € × 0,375 = 20.593 €

Kostenumlageanteil POLAS für
„Autobahnstreife“ = 54.915 € × 0,625 = 34.322 €

Die folgende Tabelle zeigt die Ergebnisse dieses Rechenschrittes.

Schritt	Kostenstellen				
	Autobahnstreife	Innenstadtstreife	Funkleitstelle	POLAS	Revierleitung
Material- und Personalkosten	180.000 €	145.000 €	45.000 €	47.000 €	65.000 €
+ Umlage Gebäudekosten (Schritt 1)	2.000 €	1.250 €	500 €	500 €	750 €
= Summe	182.000 €	146.250 €	45.500 €	47.500 €	65.750 €
+ Umlage Revierleitung (Schritt 2)	28.410 €	22.830 €	7.103 €	7.415 €	
= Summe	210.410 €	169.080 €	52.603 €	54.915 €	
+ Umlage POLAS (Schritt 3)	34.322 €	20.539 €	–		
= Summe	244.732 €	189.619 €	52.603 €		

Vierter Schritt: Umlage der Kosten der Hilfskostenstelle „Funkleitstelle“

Auch hier ist der Umlageschlüssel die Anzahl der Einsatzfahrten. Es ergibt sich:

Kostenumlageanteil „Funkleitstelle“ für
„Innenstadtstreife“ = 52.603 € × 0,375 = 19.726 €
Kostenumlageanteil „Funkleitstelle“ für
„Autobahnstreife“ = 52.603 € × 0,625 = 32.877 €

Die folgende Tabelle zeigt das Ergebnis dieses Rechenschrittes.

Schritt	Kostenstellen				
	Autobahnstreife	Innenstadtstreife	Funkleitstelle	POLAS	Revierleitung
Material- und Personalkosten	180.000 €	145.000 €	45.000 €	47.000 €	65.000 €
+ Umlage Gebäudekosten (Schritt 1)	2.000 €	1.250 €	500 €	500 €	750 €
= Summe	182.000 €	146.250 €	45.500 €	47.500 €	65.750 €
+ Umlage Revierleitung (Schritt 2)	28.410 €	22.830 €	7.103 €	7.415 €	
= Summe	210.410 €	169.080 €	52.603 €	54.915 €	
+ Umlage POLAS (Schritt 3)	34.322 €	20.539 €	—		
= Summe	244.732 €	189.619 €	52.603 €		
+ Umlage „Funkleitstelle“ (Schritt 4)	32.877 €	19.726 €			
= Summe	277.409 €	209.345 €			

Fünfter Schritt: Berechnung der Kosten für eine Produkteinheit (Kostenträger)

Die Berechnung der Kostenträger- oder Produkteinzelkosten erfolgt, indem die Kostenendsumme auf den Endkostenstellen durch die Menge der produzierten Einheiten dividiert wird.

Kosten für eine „Autobahnstreife“ = 277.409 € / 500 Streifen = **555,00** €
Kosten für eine „Innenstadtstreife“ = 209.345 € / 300 Streifen = **698,00** €

Sechster Schritt: Berechnung der Produktbudgets für „Autobahnstreife“ und „Innenstadtstreife“ für das kommende Jahr

Ein Produktbudget errechnet sich durch Multiplikation der Produkteinzelkosten mit der geplanten Produktmenge. Somit ergibt sich:
Produktbudget „Autobahnstreifen“ = 600 Streifen × 555,00 € = **333.000** €
Produktbudget „Innenstadtstreifen“ = 275 Streifen × 698,00 € = **191.950** €

4.4 Funktionen der Kosten- und Leistungsrechnung

Zusammenfassend zeigt **Abbildung 34** (Seite 88) nochmals das gesamte System der Kosten- und Leistungsrechnung mit seinen Zwecken im Überblick.

Neben Kostentransparenz und Budgetermittlung ist die Ermittlung der Kostenträgerkosten Voraussetzung für die **Gebührenermittlung**. Denn die Gebühr, die für eine polizeiliche Leistung, etwa das Schlichten eines Nachbarschaftsstreites, dem Verursacher anzurechnen ist, entspricht exakt den ermittelten Kostenträgereinzelkosten. Diese Funktion der KLR wird in Zukunft an Bedeutung zunehmen, da schon heute bei „Bagatellfällen", bei denen die Polizei gerufen wird, der Bürger direkt gebührenpflichtig belastet wird.

Ein **Kostencontrolling** und ein Budgetcontrolling, d.h. die laufende Beobachtung der Kostenentwicklung und des Budgetverbrauchs, setzen ebenfalls die Ermittlung der Kostenträgereinzelkosten voraus. So etwa kann der jeweils festgestellte aktuelle Budgetverbrauch (IST) mit einem geplanten Verbrauch (SOLL) bei einer bestimmten Produktionsmenge abgeglichen werden. Der Soll-Verbrauch berechnet sich durch Multiplikation der aktuellen Produktionsmenge mit den Kostenträgereinzelkosten.

Beispiel:
Man plant eine „Produktionsmenge" von 50 Großveranstaltungssicherungen im Jahr und hat dafür mit der Kosten- und Leistungsrechnung Kosten in Höhe von 25.000 € pro Großveranstaltung berechnet. Das Gesamtbudget beträgt somit 1.250.000 €.
Nach 20 Großveranstaltungssicherungen findet eine Budgetverbrauchskontrolle statt. Sie zeigt einen Budgetverbrauch in Höhe von 700.000 € (IST). Nach Plan hätte aber bei 20 Großveranstaltungssicherungen erst ein Budgetverbrauch von 500.000 € (SOLL) (20 × 25.000 €) stattfinden sollen. Es wurden demnach 200.000 € „zuviel" verbraucht, was eine genauere Analyse der Ursachen hierfür nötig macht.

Abbildung 26

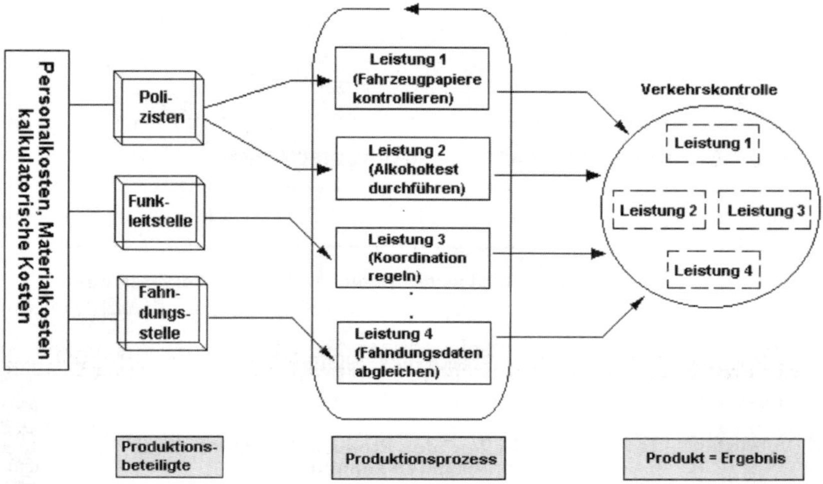

Abbildung 27

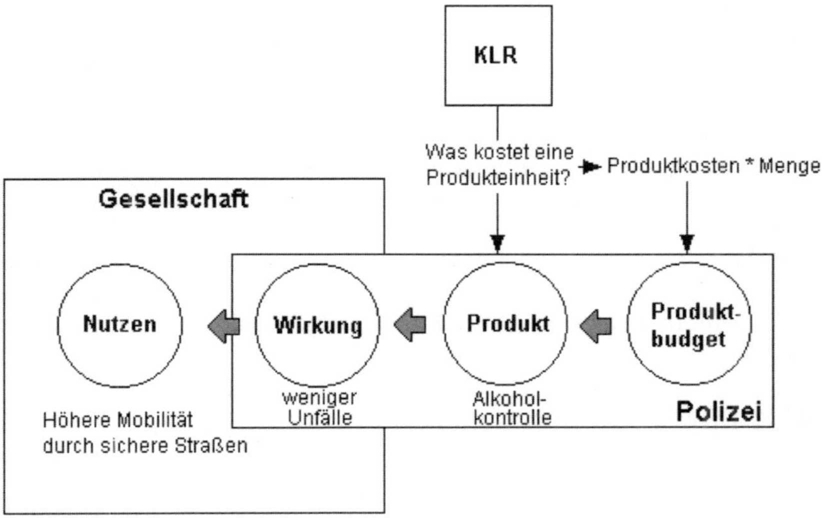

Abbildung 28

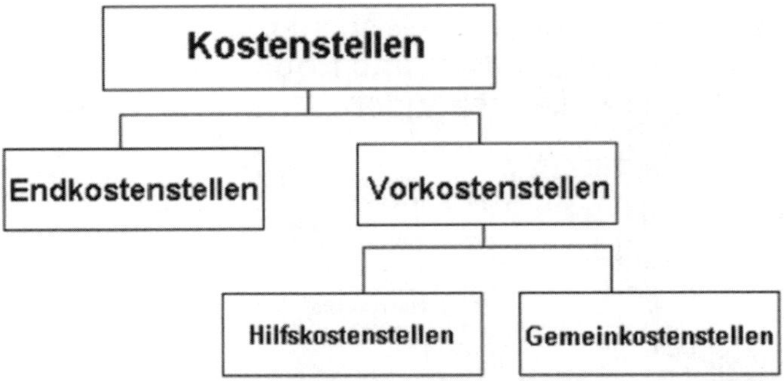

Endkostenstellen	= eigentliche Produzenten
Vorkostenstellen	= "helfen" den Produzenten, damit diese produzieren können
Hilfskostenstellen	= "helfen" nur den Endkostenstellen
Gemeinkostenstellen	= helfen allen anderen, also Hilfskostenstellen und den Produzenten

Abbildung 29

Schritt 1: Die Kosten der Gemeinkostenstellen werden den Vor- und Endkostenstellen "ans Bein" gebunden.

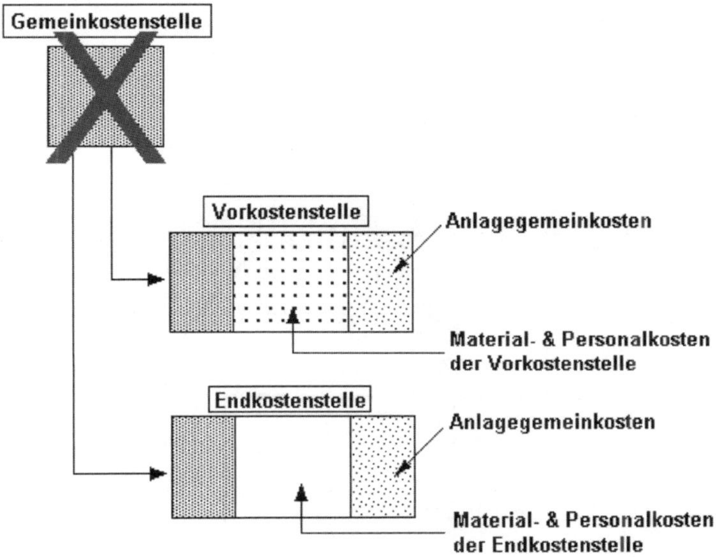

Abbildung 30

Schritt 2: Die Kosten der Vorkostenstellen werden den Endkostenstellen "ans Bein gebunden"

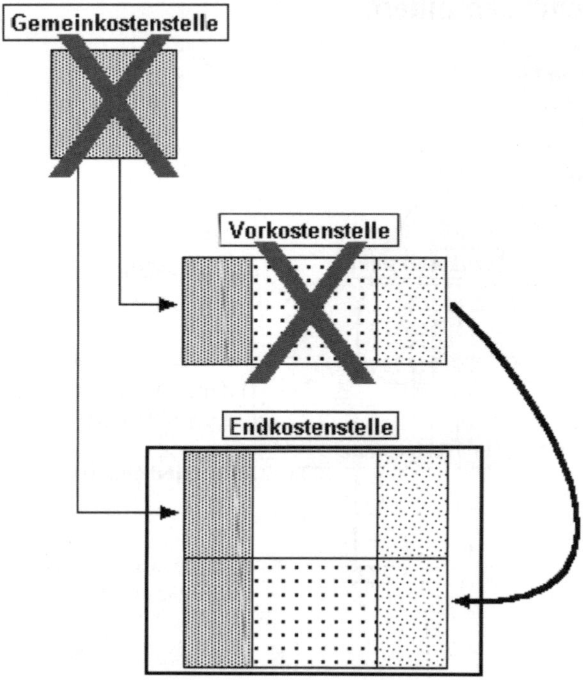

Abbildung 31

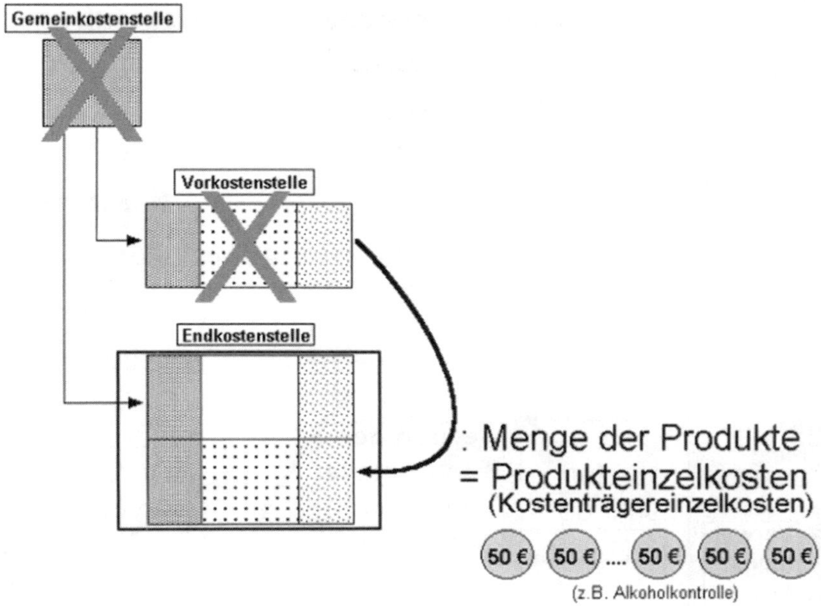

Abbildung 32

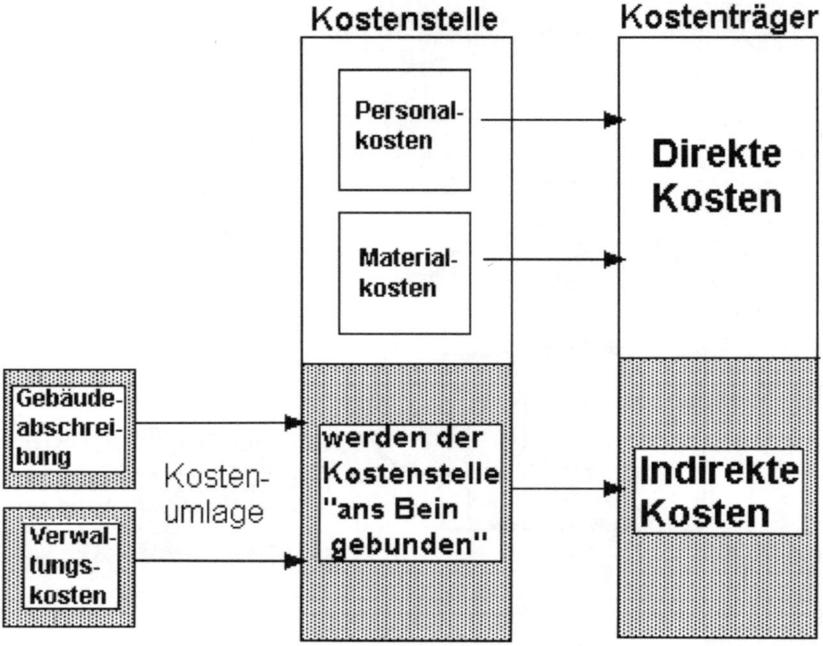

Abbildung 33

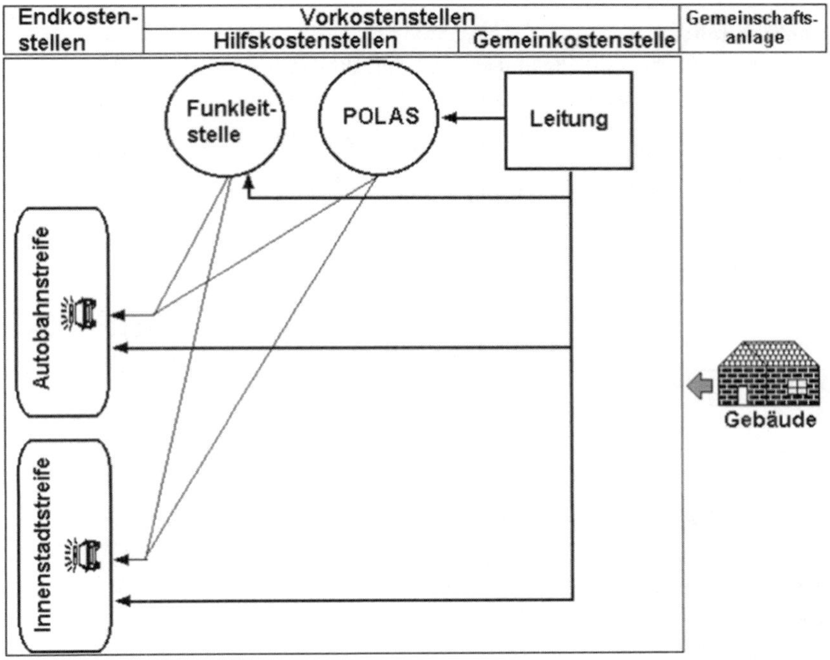

Abbildung 34

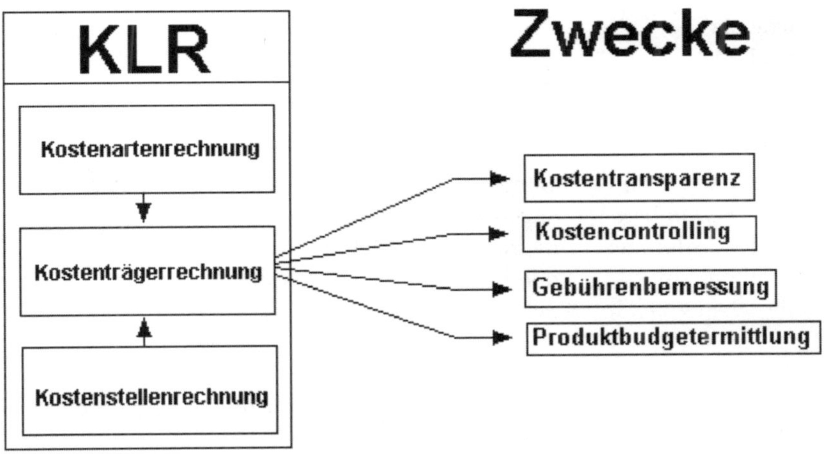

4.5 Übungsaufgabe 1

Sachverhalt:

Die Produktgruppe „Straftaten“ mit den Produkten „Sittlichkeitsdelikte“, „Überfalldelikte“ und „Einbruchsdelikte“ weist folgende Daten auf:

Produkt	Personalbestand	Anzahl der Delikte im vergangenen Jahr
Sittlichkeitsdelikte	2 Kriminalkommissare 1 Kriminalhauptkommissar	20
Überfalldelikte	1 Kriminalkommissar 1 Kriminalhauptkommissar	58
Einbruchsdelikte	3 Kriminalkommissare 2 Kriminalhauptkommissare	110
Leitung	1 Kriminalrat 1 Sekretärin	–

Die monatlichen Personalkosten betragen für
1 Kriminalrat = 5.800 €
1 Kriminalhauptkommissar = 5.000 €
1 Kommissar = 4.500 €
1 Sekretärin = 3.000 €.

Die Material und Gebäudekosten betragen genau 30 % der Personalkosten.

Aufgaben:

Aufgabe 1

Wie hoch sind die Aufklärungskosten für jeweils eine Deliktart?

Aufgabe 2

Wie hoch ist das Gesamtbudget für die Produktgruppe „Straftaten“, wenn von folgenden Veränderungen im nächsten Jahr auszugehen ist?
Sittlichkeitsdelikte: nehmen voraussichtlich um 10 % ab
Überfalldelikte: nehmen voraussichtlich um 5 % ab
Einbruchsdelikte: nehmen voraussichtlich um 15 % zu

Aufgabe 3

Wie viel mehr oder weniger Budget wird im nächsten Jahr gegenüber dem aktuellen Jahr erforderlich sein?

Lösung

Zu Aufgabe 1

Produkt	Personal-kosten (1)	Material-kosten (2)	Gesamt-kosten (3)	Umgelegte Leitungs-kosten (4)	Kosten für eine Produkt-einheit (5)
Sittlichkeits-delikte	168.000 €	50.400 €	218.400 €	40.884,48 €	12.964,22 €
Überfall-delikte	114.000 €	34.200 €	148.200 €	27.743,04 €	3.033,50 €
Einbruchs-delikte	282.000 €	84.600 €	366.600 €	68.627,52 €	3.956,61 €

(1) Z.B. „Sittlichkeitsdelikte“: (2 × 4.500 € × 12) + (1 × 5.000 € × 12) = 168.000 €.
(2) Z.B. „Sittlichkeitsdelikte“: 168.000 € × 0,3 = 50.400 €.
(3) Addition von (1) und (2).
(4) Leitungskosten = (12 × 5.800 €) + (12 × 3.000 €) = 105.600 € + (105.600 € × 0,3) = 137.280,00 €.
Gesamtkosten aller anderen Kostenstellen = 218.000 € + 148.200 € + 366.600 € = 733.200 €.
Umlageprozentsatz „Leitung“ = (137.280 € / 733.200 €) × 100
= 18,72 %.
Z.B. für Sittlichkeitsdelikte: 218.400 € × 0,1872 = 40.884,48 €.
(5) Z.B. für „Sittlichkeitsdelikte“ = (3) + (4) / Deliktanzahl
= (218.400 € + 40.884,48 €) / 20
= 12.964,22 €.

Zu Aufgabe 2

Produkt	Anzahl der Delikte im künftigen Jahr (1)	Kosten pro Delikt (2)	Produktbudget (3)
Sittlichkeitsdelikte	18 (20 – 2)	12.964,22 €	233.355,96 €
Überfalldelikte	55,1 (58 – 2,9)	3.033,50 €	167.145,85 €
Einbruchsdelikte	126,5 (110 + 16,5)	3.056,61 €	500.511,16 €
Gesamtbudget (4)			**901.012,97 €**

(1) Z.B. für „Sittlichkeitsdelikte“: 20 – (20 × 0,1) = 18.
(2) Z.B. für „Sittlichkeitsdelikte“: S. Tabelle oben.
(3) Z.B. für „Sittlichkeitsdelikte“: (1) × (2) = 18 × 12.964,22 €
= 233.355,96 €.
(4) Summe aller Produktbudgets = Addition der Produktbudgets
= 901.012,97 €.

Zu Aufgabe 3

$\text{Gesamtkosten}_{\text{Vorjahr}}$ = alle Produktkosten + Leitungskosten = 733.200 € + 137.532,97 €
= 870.480 €

$\text{Gesamtkosten}_{\text{Diesjahr}}$ = 901.012,97 €.
Kostendifferenz = 901.012,97 € – 870.480,00 € = **+ 30.532,97** €.

Es besteht ein **Budgetmehrbedarf** gegenüber dem Vorjahr i.H.v. 30.532,97 €.

5 Kostenarten-, Kostenstellen- und Kostenträgerrechnung

5.1 Ausgangspunkt

Die Kosten- und Leistungsrechnung setzt sich, wie oben dargestellt, aus einer Kostenarten-, Kostenstellen- und Kostenträgerrechnung zusammen, die schrittweise nacheinander durchzuführen sind. In den bisherigen Beispielen wurde die Höhe der Kosten etwa für Material und Personal stets vorgegeben und damit als erfasst vorausgesetzt. Die Grundvoraussetzung für eine erfolgreiche Kosten- und Leistungsrechnung ist demnach die Erfassung der tatsächlich auf den Kostenstellen angefallenen Kosten. Zunächst gilt es daher die Frage zu beantworten, wie denn nun genau die Kosten für Material und Personal erfasst werden.

Darüber hinaus gibt es noch eine weitere Kostenart, nämlich die sogenannten **kalkulatorischen Kosten**, die in jede Kosten- und Leistungsrechnung einfließen. Auch mit der Erfassung dieser Kostenart müssen wir uns kurz beschäftigen.

5.2 Kostenarten

In der Kosten- und Leistungsrechnung (im Folgenden nur noch „KLR" genannt) werden im Rahmen der Kostenartenrechnung stets drei Kostenarten erfasst, die sozusagen das „Kostenartengefäß" darstellen, denen die Kosten zugeordnet werden. Hierbei handelt es sich um die

- Personalkosten,
- Materialkosten und
- kalkulatorischen Kosten (**Abbildung 35**, Seite 107).

Zur Ermittlung der Kostenhöhe bei diesen Kostenarten bemüht man besondere „Kostenermittlungsverfahren", die im Folgenden kurz vorgestellt werden.

5.2.1 Ermittlung der Personalkosten

Personalkosten entstehen durch den „Verzehr" des Produktionsfaktors Arbeitskraft, also durch den „Gebrauch" von bezahlter Arbeitszeit. Die Personalkosten setzen sich zusammen aus:

Bruttoarbeitsentgelt (Lohn, Gehalt, Besoldung)
+ gesetzliche Lohnnebenkosten (Arbeitgeberanteil zu Pflichtversicherungen)
+ freiwillige Sozialleistungen (Weihnachtsgeld, Urlaubsgeld, vermögenswirksame Leistungen)
+ Arbeitsplatznebenkosten (Reisekosten, Fortbildungskosten)
= **Stellenpersonalgesamtkosten**

Für die Bestimmung der Personalkosten kann man auf sog. Personalkostentabellen zurückgreifen, die für jede Besoldungs- oder Tarifgruppe einen durchschnittlichen Brutto-Personalkostensatz ausweist, der pauschal die oben genannten Positionen einkalkuliert.

Die in **Abbildung 36** gezeigten Personalkostentabellen weisen die durchschnittlichen Personalkosten des Landes Hessen[1] – ohne und mit Arbeitsplatzkosten – getrennt für Beamte, Angestellte und Arbeiter aus.

5.2.2 Ermittlung der Materialkosten

Zur Ermittlung der Materialkosten für eine Kostenstelle müssen zwei Größen berechnet werden:
– der Materialverbrauch in Mengeneinheiten und
– der Preis pro Mengeneinheit.

Der Materialverbrauch in Mengeneinheiten errechnet sich nach:

Verbrauch = Anfangsbestand + Zugänge – Endbestand.

> ***Beispiel:***
> *Für eine Polizeifachhochschule liegen folgende Daten der Kleiderkammer über die Beschaffung von Uniformen (Hose, Gürtel und Hemd), die während der Ausbildung zu tragen sind, vor:*

1 http://www.hmdi.hessen.de/irj/HMdI_Internet?cid=e0da47a5fc87d39c79b071c84d80a165.

Datum	Art	Menge	Preis pro Uniform
01. 03. 2007	Anfangsbestand	250	100,00 €
15. 05. 2007	Zugang	200	105,00 €
01. 08. 2007	Bestand	100	–
01. 10. 2007	Zugang	150	109,00 €
01. 12. 2007	Zugang	100	119,00 €
31. 12. 2007	Endbestand	200	–

Die Frage ist nun, wie hoch die Materialkosten der Kleiderkammer sind.

Erster Schritt: Verbrauchsmenge berechnen

Anfangsbestand = 250
Zugänge = 200 + 150 + 100 = 450
Endbestand = 200
Verbrauch = 250 + 450 – 200 = 500 Uniformen.

Zweiter Schritt: Durchschnittskosten für eine Materialeinheit ermitteln

Da die Preise für die Uniformen schwanken, muss der sogenannte **periodische Durchschnittspreis** für eine Uniform berechnet werden. Hierzu wird sowohl für den Anfangsbestand als auch für jeden Zugang zunächst die Gesamtkostensumme ermittelt. Anschließend werden die Gesamtkosten des Anfangsbestandes und der Zugänge addiert und durch die verbrauchten Mengeneinheiten (s. ersten Schritt) dividiert.

Art	Berechnung	Kosten
Anfangsbestand	250 Uniformen × 100,00 €	25.000,00 €
Zugang am 15.5.2007	200 Uniformen × 105,00 €	21.000,00 €
Zugang am 01. 10. 2007	150 Uniformen × 109,00 €	16.350,00 €
Zugang am 01. 12. 2007	100 Uniformen × 119,00 €	11.900,00 €
Kostensumme		**74.250,00 €**
Menge	**700 Uniformen**	
Kosten pro Uniform im Durchschnitt	**74.250,00€ / 700**	**106,07 €**

Dritter Schritt: Die Materialkosten ermitteln

Die Materialkosten berechnen sich nun einfach, indem die Verbrauchsmenge (aus erstem Schritt mit dem periodischen Durchschnittspreis für eine Uniform (aus zweitem Schritt) multipliziert wird:

- Materialkosten = Verbrauchsmenge × Durchschnittspreis für eine Mengeneinheit

Materialkosten = 500 × 106,07 € = 53.035,00 €.

5.2.3 Ermittlung der kalkulatorischen Kosten

Kalkulatorische Kosten sind, vereinfacht ausgedrückt, Aufwendungen, die nicht direkt sichtbar sind. Während Personal und Material direkt mit Geld, nämlich in Form von Gehältern und Rechnungsbegleichung bezahlt werden müssen, stellen kalkulatorische Kosten keine „Zahlungsströme“ dar. Kalkulatorische Kosten fallen sozusagen „versteckt“ an.

Hierzu ein Beispiel. Stellen Sie sich vor, Sie heben von Ihrem Sparbuch 20.000 € ab, um damit einem russischen Mitbürger bei E-Bay einen nagelneuen Porsche abzukaufen. Wenn Sie diesen Betrag von Ihrem Sparbuch nehmen, bekommen Sie dafür in Zukunft auch keine Sparzinsen mehr. Der Porsche erleichtert Sie also nicht nur um die 20.000 € „Materialkosten“, sondern zusätzlich auch noch um den Betrag der entgangenen Sparzinsen. Diese entgangenen Sparzinsen sind **kalkulatorische Kosten**. Sie können Sie nirgendwo sehen, aber sie fallen trotzdem an.

In der Kosten- und Leistungsrechnung der Polizei sind vor allem 4 kalkulatorische Kostenarten in der Diskussion, nämlich

5.2.3.1 Kalkulatorische Abschreibungen

Als **Abschreibung** bezeichnet man die durch Abnutzung oder Verschleiß bedingte und in Geld bewertete Wertminderung eines Betriebsmittels (Polizeiwagen, Polizeigebäude) während einer Nutzungsperiode (in der Regel ein Wirtschaftsjahr). Abschreibungen sind also „Wertverlustkosten“ durch Abnutzung. Wenn man nun die jährlichen Abschreibungsbeträge „sammeln“ würde, könnte das Betriebsmittel am Ende seiner „Lebenszeit“, also nachdem es verschlissen ist, ohne Probleme wiederbeschafft werden. Abschreibungen, die gesammelt werden, dienen also der betrieblichen Substanzsicherung. Weil Abschreibungen keine „realen Geldströme“ sind, rechnet man sie auch nicht den Materialkosten zu, sondern bezeichnet sie als **kalkulatorische Abschreibung**. Eine budgetierte Stelle, etwa ein Polizeirevier muss die jährlichen Abschreibungen als Kosten verbuchen, um diese Beträge zum Zwecke der Substanzerhaltung der Produktionsanlagen „zur Seite legen“ zu können. Würde ein Revierleiter etwa für seine Polizeifahrzeuge keine Abschreibungen kalkulieren und „zurücklegen“, dann könnte die Produktion des Gutes „öffentliche Sicherheit“, die einen schnellen Transport von Sicherheitskräften im Bedarfsfall (Unfälle, Überfälle, präventive Streifenfahrten) voraussetzt, nicht mehr erfolgen, wenn die Polizeifahrzeuge altersbedingt verschlissen und nicht mehr einsatzfähig sind. Unser Revierleiter, der ja kein Geld für den Ersatz der funktionsunfähigen Fahrzeuge zurückgelegt hat und deshalb auch keine Ersatzfahrzeuge beschaffen kann, könnte sein Revier letztlich „dichtmachen“.

5.2.3.2 Kalkulatorische Zinsen

Kalkulatorische Zinsen sind „Zinsverlustkosten“, die dadurch entstehen, dass Geld ausgegeben wurde, für das man anderweitig Sparzinsen erhalten hätte. Kalkulatorische Kosten sind also nichts anderes als „entgangene Sparzinsen“ (siehe obiges Beispiel).

5.2.3.3 Kalkulatorische Miete

Diese kalkulatorischen Kosten können nur für Gebäude verwendet werden. Kalkulatorische Mieten sind „Mieteinnahmeverluste“, die dadurch entstehen, dass ein Gebäude, das selbst genutzt wird, eben nicht vermietet werden kann. In der Regel wird man für Gebäude die kalkulatorische Abschreibung wählen. Kalkulatorische Mieten werden nur dann eingesetzt, wenn ein Gebäude bereits als „abgeschrieben“ gilt, wenn es also schon so alt ist, dass seine „hypothetische Lebensdauer“ schon abgelaufen ist, das Gebäude aber doch noch genutzt werden kann. Die Ermittlung der kalkulatorischen Kosten für Gebäude muss deshalb **entweder** durch die kalkulatorische Abschreibung **oder** durch die kalkulatorische Miete erfolgen. Niemals aber beides!

5.2.3.4 Kalkulatorische Wagniskosten

Hierbei handelt es sich um „Rücklagen“, etwa Gelder für „außergewöhnliche Ereignisse“ wie Terroranschläge auf ein Polizeirevier, zerstörte Wasserwerfer durch einen „Molotow-Cocktail“ bei einer gewalttätigen Demonstration oder „geklaute Polizeieinsatzfahrzeuge“.

Abbildung 37 (Seite 109) zeigt sämtliche kalkulatorischen Kostenarten mit ihrer Bedeutung für eine polizeiliche KLR.

Die größte Bedeutung haben die kalkulatorischen Abschreibungen, denn diese werden standardmäßig in der KLR berücksichtigt. Wie aber sind die jährlichen Abschreibungsbeträge rechnerisch zu ermitteln und welche Daten sind hierzu zu erfassen?

5.2.4 Ermittlung der kalkulatorischen Abschreibung

Aus der betriebswirtschaftlichen Kosten- und Leistungsrechnung sind eine Reihe verschiedener Verfahren zur Ermittlung der Abschreibungskosten bekannt, von denen wir uns lediglich die zwei für die hessische Polizei bedeutsamen Verfahren näher anschauen wollen. Hierbei handelt es sich um
- die lineare Abschreibung auf Basis des Anschaffungswertes und
- die lineare Abschreibung auf Basis des Wiederbeschaffungswertes.

Zur Ermittlung des jährlichen Abschreibungsbetrages sind folgende Daten erforderlich:
- Nutzungsdauer des Anlagegutes (ersichtlich aus sog. AfA-Tabellen)[2]
- Anschaffungswert oder Wiederbeschaffungswert.

5.2.4.1 Abschreibung anhand des Anschaffungswertes

Bei der linearen Abschreibung werden die Abschreibungsbeträge gleichmäßig auf die Nutzungsperioden eines Anlagegutes verteilt. Die Formel zur Berechnung des jährlichen linearen Abschreibungsbetrages lautet dann:

$$\text{Abschreibungsbetrag} = \frac{\text{Anschaffungswert} - \text{Restwert}}{\text{Nutzungsjahre}}$$

Da der Restwert in der Regel nicht bestimmbar oder nur spekulativ ermittelt werden kann, wird er bei der hessischen Polizei nicht berücksichtigt. Die Formel zur Ermittlung eines jährlichen Abschreibungsbetrages (kalkulatorische Abschreibung) lautet dann:

Abschreibungsbetrag pro Jahr = Anschaffungswert / Nutzungsjahre

2 AfA-Tabellen weisen für alle erdenklichen Anlagegüter (vom Büroschreibtisch über Teppichböden und Polizeieinsatzfahrzeuge bis hin zu Funkgeräten, Fahndungscomputern und Munitionsbunkern) deren Nutzungsdauer und jährlichen Abschreibungssatz auf.

Statt der Nutzungsjahre findet sich in den sog. AfA-Tabellen (Abschreibung für Anlagegüter) häufig der sogenannte **Abschreibungssatz**. Dieser drückt den prozentualen Anteil eines Nutzungsjahres eines Anlagegutes an dessen Gesamtlebensdauer aus.

Etwa besagt ein AfA-Satz von 10 %, dass ein Wirtschaftsjahr 10 % der Gesamtlebensdauer des Anlagegutes bedeutet, pro Jahr also im Schnitt mit 10 % Substanzverlust des Anlagegutes durch Abnutzung zu rechnen ist.

Entsprechend errechnen sich die Nutzungsjahre eines Anlagegutes aus dem Abschreibungssatz mit:

- Nutzungsjahre = 100 / Afa-Satz.

Entsprechend lässt sich der AfA-Satz anhand bekannter Nutzungsjahre berechnen mit:

- AfA-Satz % = 100 / Nutzungsjahre.

Wir wollen uns die Berechnung des jährlichen Abschreibungsbetrages anhand eines Beispiels verdeutlichen.

Beispiel:
Bei einem Polizeipräsidium wurde ein Wasserwerfer für 180.000 € angeschafft. Der AfA-Satz beträgt 20 %.

Aufgabe 1:
Berechnen Sie den jährlichen Abschreibungsbetrag, den das Regierungspräsidium als kalkulatorische Kosten geltend machen kann.

Aufgabe 2:
Erstellen Sie eine Abschreibungstabelle.

Lösung zu Aufgabe 1:
Nutzungsdauer = 100 / 20 = 5 Jahre.
Jährlicher Abschreibungsbetrag = 180.000 € / 5 = **36.000,00 €.**

Lösung zu Aufgabe 2:

Nutzungsjahr	Abschreibungsbetrag pro Jahr	kumulierte Abschreibungsbeträge	Restwert am Ende des Nutzungsjahres
1	36.000 €	36.000 €	144.000 €
2	36.000 €	72.000 €	108.000 €
3	36.000 €	108.000 €	72.000 €
4	36.000 €	144.000 €	36.000 €
5	36.000 €	180.000 €	0 € (abgeschrieben)

Abbildung 38 (Seite 109) zeigt das Ergebnis in grafischer Form.

Nach den obigen Berechnungen wäre der Anschaffungswert durch die kumulierten Abschreibungsbeträge nach 5 Jahren Nutzungsdauer vollständig zur Refinanzierung eines neuen Wasserwerfers zurückgeflossen. Unser Polizeipräsident hätte also genug Geld zur Anschaffung eines neuen Wasserwerfers. Dieses Geld wird allerdings dann nicht zur Neuanschaffung des verschlissenen Wasserwerfers ausreichen, wenn wir uns klar machen, dass es Preissteigerungen gibt. Das Verfahren der linearen Abschreibung auf Basis des Anschaffungswertes berücksichtigt aber diese Preissteigerungen nicht. Deshalb werden die auf Basis des Anschaffungswertes ermittelten Abschreibungen am Ende der Nutzungsdauer aller Voraussicht nach nicht ausreichen, einen neuen Wasserwerfer finanzieren zu können.

Trotz gesammelter Abschreibungsbeträge hätte man sich „verkalkuliert" und der Innenminister müsste die Abschreibungslücke (Differenz zwischen damaligem Anschaffungs- und heutigem Anschaffungswert) durch eine „Sonderzuweisung" füllen, für die wiederum ein Kredit aufzunehmen wäre, was die Staatsverschuldung noch weiter erhöht.

Um dieses Dilemma zu verhindern, muss unser Polizeipräsident Vorsorge treffen, indem er ein anderes Abschreibungsverfahren wählt, bei dem die Preissteigerungsrate berücksichtigt wird, nämlich die

5.2.4.2 Abschreibung anhand des Wiederbeschaffungswertes

Bei der linearen Abschreibung auf Basis des Wiederbeschaffungswertes wird der nach der Nutzungsdauer eines Anlagegutes zu erwartende **künftige Anschaffungspreis** (und nicht der jetzige Anschaffungswert) als Basis der Berechnung der jährlichen Abschreibungsbeträge verwendet. Der künftige Anschaffungspreis berücksichtigt die Preissteigerungsrate. Deshalb ist der Wiederbeschaffungswert (der künftige Anschaffungswert) nichts anderes als der um die jährliche Preissteigerung erhöhte ursprüngliche Anschaffungswert.

Der Wiederbeschaffungswert wird ermittelt, indem eine durchschnittliche Inflationsrate des vergangenen 5-Jahreszeitraumes ermittelt und anschließend die jährliche Inflationsrate periodenweise zum Anschaffungswert addiert wird. Die Ermittlung der durchschnittlichen Inflationsrate sollte ständig neu erfolgen, um den Wiederbeschaffungswert kontinuierlich anpassen zu können.

Sachverhalt:

Bei einem Polizeipräsidium wurde ein Wasserwerfer für 180.000 € angeschafft. Der AfA-Satz beträgt 20 %. Die jährliche Preissteigerungsrate 3 %.

Aufgabe 1:

Ermitteln Sie den jährlichen Abschreibungsbetrag unter Berücksichtigung der Preissteigerung.

Aufgabe 2:

Erstellen Sie eine Abschreibungstabelle auf der Basis des Wiederbeschaffungswertes.

Lösung zu Aufgabe 1:

Zunächst ist der Wiederbeschaffungsneuwert zu ermitteln, indem für jedes Jahr kumulativ ein „Inflationszuschlag" zum jeweils vorhergehenden Wiederbeschaffungswert addiert wird.

Nach Jahr 1: Wiederbeschaffungswert = 180.000,00 € + (180.000,00 € × 0,03) = 185.400,00 €
Nach Jahr 2: Wiederbeschaffungswert = 185.400,00 € + (185.400,00 € × 0,03) = 190.962,00 €
Nach Jahr 3: Wiederbeschaffungswert = 190.962,00 € + (190.962,00 € × 0,03) = 196.690,86 €
Nach Jahr 4: Wiederbeschaffungswert = 196.690,00 € + (196.690,86 € × 0,03) = 202.591,59 €
Nach Jahr 5: Wiederbeschaffungswert = 202.591,59 € + (202.591,59 € × 0.03) = **208.669,34** €

Abschreibung (Jahr) auf Basis des Wiederbeschaffungswertes
= 208.669,34 € / 5 = **41.733,87** €.

Lösung zu Aufgabe 2:

Nutzungsjahr	Wiederbeschaffungszeitwert	AfA-Betrag pro Jahr	Kumulierte AfA	Restwert am Ende des Nutzungsjahres
1	185.400,00 €	41.733,87 €	41.733,87 €	166.935,47 €
2	190.962,00 €	41.733,87 €	83.467,74 €	125.201,61 €
3	196.690,86 €	41.733,87 €	125.201,61 €	83.467,74 €
4	202.591,59 €	41.733,87 €	166.935,48 €	41733,87 €
5	208.669,34 €	41.733,87 €	208.669,35 €	0,00 € (abgeschrieben)

5.3 Kostenstellenrechnung mit dem BAB

Die Kostenstellenrechnung besteht darin, zuerst die „Anlagengemeinkosten“ auf alle Kostenstellen und anschließend die Kosten der „Vorkostenstellen“ auf die „Endkostenstellen“ zu verteilen. Dies erfolgt mittels so genannter „Umlageschlüssel“.

Das rechnerische Verfahren dieser Kostenumlagen haben wir bereits kennen gelernt. In der Praxis verwendet man für das Kostenumlageverfahren ein standardisiertes Schema, den so genannten **Betriebsabrechnungsbogen (BAB)**.

Ein Betriebsabrechnungsbogen ist eine Tabelle, die in den Spalten die End- und Vorkostenstellen und in den Zeilen die Kostenarten aufweist (**Abbildung 38**, Seite 110). Die Kosten der Vorkostenstellen werden im BAB nacheinander, von rechts nach links, den Endkostenstellen zugeschlagen oder „ans Bein gebunden“.

Genau nach diesem Schema wurde auch bei der Kostenumlage im Rahmen unserer Beispielaufgabe im vorherigen Kapitel vorgegangen.

Was ist aber, wenn sich die Vorkostenstellen gegenseitig Leistungen zur Verfügung stellen, wenn etwa die Kostenstelle POLAS die Dienste der Funkleitstelle in Anspruch nimmt, um ihre Überprüfungsergebnisse den Polizeieinsatzkräften vor Ort mitzuteilen?

In diesem Fall haben wir es mit einer gegenseitigen Leistungsverrechnung zu tun, die wir in einem BAB durchführen können.

Sachverhalt:

In einem Polizeipräsidium mit den Endkostenstellen E1 und E2 und den Hilfskostenstellen HIKO1, HIKO2 und HIKO3 sowie einer Gemeinkostenstelle „Innere Verwaltung & Leitung“ fielen folgende Primärkosten auf den Kostenstellen an:

E1:	50.000 €
E2:	60.000 €
HIKO1:	10.000 €
HIKO2:	25.000 €
HIKO3:	30.000 €
Verwaltung:	10.000 €.

Folgende Leistungen wurden von den Hilfskostenstellen an die Endkostenstellen erbracht:
- HIKO1 leistete an E1 Leistungen im Wert von 80 % der Kostenstellenkosten von HIKO1.
- HIKO1 leistete an E2 Leistungen im Wert von 20 % der Kostenstellenkosten von HIKO1.
- HIKO2 leistete an E1 und E2 Leistungen im Wert von jeweils 50 % der Kostenstellenkosten von HIKO2.
- HIKO3 leistete an E2 Leistungen im Gesamtwert der Kostenstellenkosten von HIKO3.

Dummerweise gaben die Kostenstellen sich auch noch wechselseitig Leistungen, nämlich:
- HIKO1 an HIKO2 Leistungen im Wert von 1.000 €.
- HIKO2 an HIKO1 Leistungen im Wert von 3.000 €.
- HIKO2 an HIKO3 Leistungen im Wert von 2.000 €.
- HIKO3 an HIKO2 Leistungen im Wert von 2.500 €.

Aber auch die Hauptkostenstellen blieben untereinander nicht von wechselseitigen Leistungen verschont:
- E2 leistete Leistungen im Wert von 15.000 € an E1
- E1 leistete Leistungen im Wert von 5.000 € an E2.

Die kalkulatorische Miete für das Gebäude beträgt 12.000 € im Jahr. Die Gebäudeflächen für die Kostenstellen sind folgendermaßen angegeben:

E1:	110 Quadratmeter
E2:	100 Quadratmeter
HIKO1:	80 Quadratmeter
HIKO2:	40 Quadratmeter
HIKO3:	40 Quadratmeter
Verwaltung:	30 Quadratmeter

Aufgabe:

Erstellen Sie einen BAB für die Kostenstellenumlage.

Hinweis:

Bitte immer, auch bei allen Zwischenrechnungen, Währungsbeträge kaufmännisch auf zwei Nachkommastellen runden. Prozentzahlen immer kaufmännisch auf zwei NKS runden und damit weiterrechnen.

Lösung:

Erster Schritt: Umlegen der „kalkulatorischen Miete“

Kosten pro Quadratmeter = 12.000 € / 400 qm = 30 €.

Für Verwaltung z.B. dann: 30 qm × 30 € = 900 €.

Zweiter Schritt: Umlage der Kosten der Gemeinkostenstelle

Gesamtkosten bisher aller KST (ohne Verwaltung) = 186.100 €.

Gesamtkosten Verwaltung bisher: 10.900 €.

Prozentanteil Umlage = (10.900 € / 186.100 €) × 100 = 5,86 %.

Verwaltungsumlage z.B. an HIKO1 = 12.400 € × 0,0586 = 726,64 €.

Dritter Schritt Leistungsverrechnung der HIKOs untereinander

Bei der gegenseitigen Leistungsverrechnung wird diejenige Kostenstelle, die Leistungen an eine andere Kostenstelle abgibt, um genau den Wert dieser Leistungen entlastet (–). Umgekehrt wird diejenige Kostenstelle, die Leistungen von einer anderen Kostenstelle empfängt, um genau den Wert dieser Leistungen belastet (+).

Vierter Schritt: Umlage der Kosten der HIKOs auf die Hauptkostenstellen

Es werden die Kosten der Hilfskostenstellen, die sich bisher angesammelt haben, addiert.

Kosten bisher für HIKO 1 = 15.126,64 €

Kosten bisher für HIKO 2 = 26.235,32 €

Kosten bisher für HIKO 3 = 32.528,32 €

Dann ergibt sich für die Umlage der Kosten der HIKOs an die Verrechnung:

HIKO1 an E1	= 0,8 × 15.126,64 € = 12.101,31 €
HIKO1 an E2	= 0,2 × 15.126,64 € = 3.025,33 €
HIKO2 an E1 und E2 jeweils	= 0,5 × 26.235,32 € = 13.117,66 €
HIKO3 an E2	= 32.528,32 €.

Fünfter Schritt: Leistungsverrechnung der Hauptkostenstellen untereinander

Die gegenseitige Belastung (für die Leistungsnehmer) und Entlastung (für die Leistungsgeber) erfolgt analog wie im dritten Schritt.

Sechster Schritt: Addition aller Kosten für E1 und E2

Kostenstelle / Schritt	E1	E2	HIKO1	HIKO2	HIKO3	Allg. Verwaltung
Primäre Kosten	50.000,00	60.000,00	10.000,00	25.000,00	30.000,00	10.000,00
Umlage kalk. Miete	3.300,00	3.000,00	2.400,00	1.200,00	1.200,00	900,00
Umlage Verwaltung	3.123,38	3.691,80	726,64	1.535,32	1.828,32	
Leistungen von HIKO2			+ 3.000	- 3.000 - 2.000	+ 2.000	
Leistungen von HIKO3				+ 2.500	- 2.500	
Leistungen von HIKO1			- 1.000	+ 1.000		
Umlage HIKO1	12.101,31	3.025,33				
Umlage HIKO2	13.117,66	13.117,66				
Umlage HIKO3		32.528,32				
Leistungen von H2 an H1	+ 15.000	- 15.000				
Leistungen von H1 an H2	- 5.000	+ 5.000				
Summe	**91.642,35**	**105.363,11**				

5.4 Kostenträgerrechnung

Die Kostenträgerrechnung ermittelt die Kosten für eine Leistungseinheit oder ein Produkt (Kostenträgereinzelkosten). Für die Kostenträgerrechnung stehen verschiedene rechnerische Verfahren zur Verfügung, von denen hier lediglich eines, nämlich die **Divisionskalkulation**, behandelt werden soll. Man unterscheidet dabei zwei Varianten:

- die einfache Divisionskalkulation und
- die mehrstufige Divisionskalkulation.

5.4.1 Einfache Divisionskalkulation

Die einfache Divisionskalkulation erfolgt mit:

$$\text{Kosten pro Leistungseinheit} = \frac{\Sigma \text{ Kosten einer Endkostenstelle}}{\Sigma \text{ der erbrachten Leistungen der Endkostenstelle}}$$

Beispiel:
Die Kostenstellenkosten der Endkostenstelle „Verfolgung von Wohnungseinbrüchen" belaufen sich laut BAB auf 450.000 €. Es wurden 100 Wohnungseinbrüche verfolgt. Wie hoch sind die Kosten für einen verfolgten Wohnungseinbruch?
*Kosten pro WEB = 450.000 € / 100 = **4.500,00** €.*

5.4.2 Mehrstufige Divisionskalkulation

Die mehrstufige Divisionskalkulation zur Ermittlung der Kostenträgerkosten findet dann Anwendung, wenn der Produktionsprozess einer polizeilichen Leistung aus mehreren Produktionsstufen besteht, die jeweils unterschiedliche Kostenintensitäten aufweisen und in der Regel von verschiedenen Kostenstellen erbracht werden. Der Kostenträger setzt sich also aus den Leistungsbeiträgen verschiedener Kostenstellen zusammen. In diesem Fall wird für jede Produktionsstufe ein gesonderter Leistungseinheitenkostenwert gebildet. Die Summe der Leistungseinheitenkosten sind dann die Kosten des Kostenträgers.

$$\text{EK} = \frac{\text{Einzelkosten Teilleistung 1}}{\text{Leistungsmenge 1}} + \ldots\ldots + \frac{\text{Einzelkosten Teilleistung n}}{\text{Leistungsmenge n}}$$

Beispiel:
Folgende Kosten und Leistungen wurden bei drei Endkostenstellen, die das Produkt „Verfolgung & Aufklärung von Straftaten" erstellen, verzeichnet:

Endkostenstelle	Gesamtkosten (nach Umlage)	Gesamtleistung
Verfolgung und Aufklärung von Wohnungseinbrüchen	200.000 €	100 Delikte
Verfolgung und Aufklärung von Sexualstrafdelikten	340.000 €	50 Delikte
Verfolgung und Aufklärung von Körperverletzungen	400.000 €	400 Delikte

Wie hoch sind die Kosten für das Produkt „Verfolgung & Aufklärung von Straftaten"?

Lösung

Leistung	Gesamtkosten (nach Umlage)	Gesamtleistung	Leistungseinzel-kosten
Verfolgung und Aufklärung von Wohnungseinbrüchen	200.000 €	100 Delikte	2.000,00 €
Verfolgung und Aufklärung von Sexualstrafdelikten	340.000 €	50 Delikte	6.800,00 €
Verfolgung und Aufklärung von Körperverletzungen	400.000 €	400 Delikte	1.000,00 €
Einzelkosten für das Produkt „Verfolgung & Aufklärung von Straftaten"			**9.800,00 €**

Abbildung 35

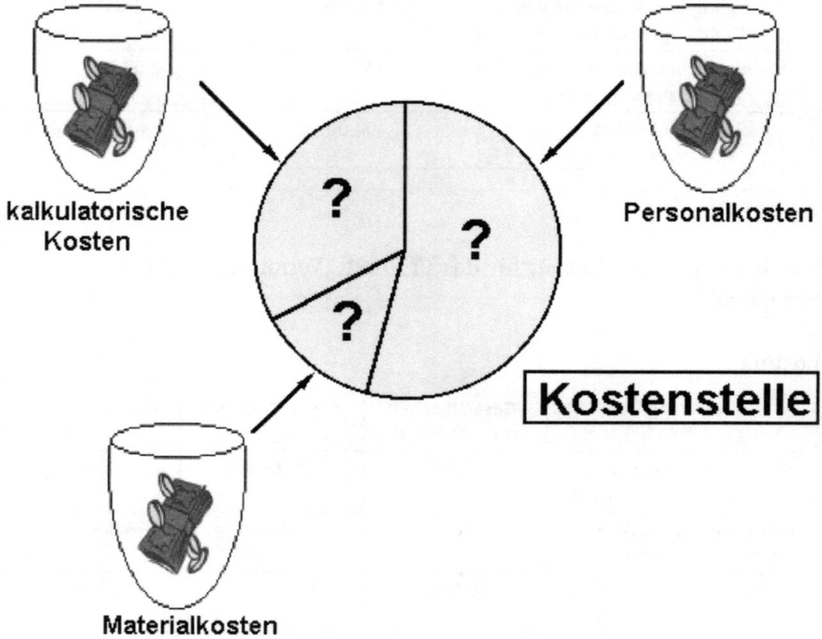

Abbildung 36

Beamtinnen und Beamte
DURCHSCHNITTLICHE PERSONALKOSTEN IN DER HESSISCHEN LANDESVERWALTUNG
IM JAHRE 2004

Besoldungsgruppe Laufbahngruppe	Pro Jahr		Pro Monat		Pro Woche	
	ohne AK €	mit AK 1) €	ohne AK €	mit AK 1) €	ohne AK €	mit AK 1) €
1	2	3	4	5	6	7
A 3	34.480	53.084	2.873	4.424	661	1.018
A 4	37.421	56.466	3.118	4.706	718	1.083
A 5 E 2)	38.687	57.922	3.224	4.827	742	1.111
A 6 S 3)	39.997	59.428	3.333	4.952	767	1.140
Einfacher Dienst	38.723	57.964	3.227	4.830	743	1.112
A 6	34.214	52.778	2.851	4.398	656	1.012
A 7	40.930	60.501	3.411	5.042	785	1.160
A 8	43.655	63.635	3.638	5.303	837	1.220
A 9 M 2)	49.444	70.292	4.120	5.858	948	1.348
A 10 S 3)	66.808	90.261	5.567	7.522	1.281	1.731
Mittlerer Dienst	44.912	65.081	3.743	5.423	861	1.248
A 9 4)	45.030	65.216	3.752	5.435	864	1.251
A 10 4)	54.728	76.369	4.561	6.364	1.050	1.465
A 11 4)	58.874	81.137	4.906	6.761	1.129	1.556
A 12 4)	62.410	85.204	5.201	7.100	1.197	1.634
A 13 S 3)	72.266	96.538	6.022	8.045	1.386	1.851
Gehobener Dienst	57.874	79.988	4.823	6.666	1.110	1.534
A 13 4)	68.061	91.703	5.672	7.642	1.305	1.759
A 14 4)	78.592	103.813	6.549	8.651	1.507	1.991
A 15 4)	88.113	114.762	7.343	9.564	1.690	2.201
A 16 4)	96.680	124.614	8.057	10.384	1.854	2.390
B 2	102.035	130.772	8.503	10.898	1.957	2.508
B 3	108.153	137.808	9.013	11.484	2.074	2.643
B 4	112.131	142.382	9.344	11.865	2.150	2.731
B 5	119.144	150.448	9.929	12.537	2.285	2.885
B 6	125.879	158.193	10.490	13.183	2.414	3.034
B 7	133.576	167.044	11.131	13.920	2.562	3.204
Höherer Dienst	73.517	97.977	6.126	8.165	1.410	1.879
Zusammen	63.561	86.527	5.297	7.211	1.219	1.659

*) Wegen der unterschiedlichen Berechnungsweisen der Tabellen 1 und 2 vergleiche Nr. 1 der Erläuterungen

1) Arbeitsplatzkosten (11.680,--€) - einschließlich Zuschlag für Bildschirmarbeitsplätze - zuzüglich indirekte Kosten (15% der Personal- und Arbeitsplatzkosten)

2) A 5 E = Amt des einfachen Dienstes; A 9 M = Amt des mittleren Dienstes

3) Spitzenamt der Laufbahngruppe

4) Einschließlich Lehrerinnen und Lehrer

Abbildung 37

Abbildung 38

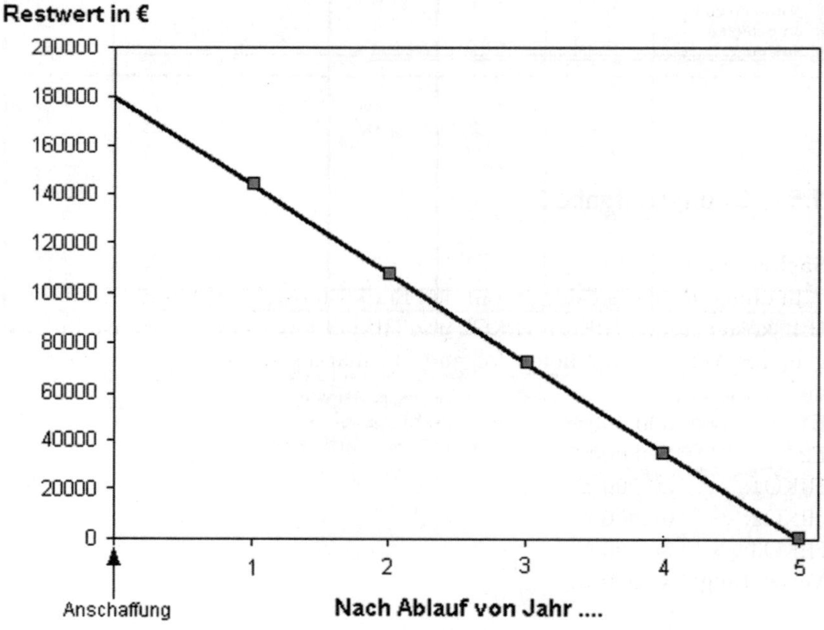

Abbildung 39

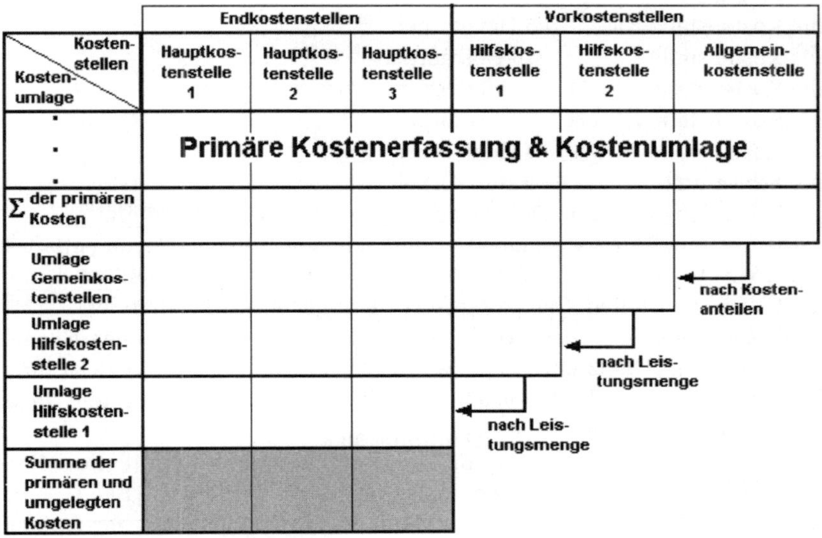

5.5 Übungsaufgabe 2

Sachverhalt:

In einem Polizeipräsidium mit den Endkostenstellen E1 und E2 und den Hilfskostenstellen HIKO1, HIKO2 und HIKO3 sowie einer Kostenstelle „allgemeine Verwaltung“ fielen folgende Primärkosten auf den Kostenstellen an:

E1: 500.000 €
E2: 300.000 €
HIKO1: 80.000 €
HIKO2: 60.000 €
HIKO3: 30.000 €
Verwaltung: 45.000 €.

Die Kosten für die mit Zentralheizung erfolgte Beheizung betrugen insgesamt 10.000 €.

Insgesamt hat das Polizeipräsidium 67 Heizkörper gleicher Rippenzahl. Davon haben

die Kostenstelle E1	5 Heizkörper
die Kostenstelle E2	15 Heizkörper
die Kostenstelle HIKO1	5 Heizkörper
die Kostenstelle HIKO2	9 Heizkörper
die Kostenstelle HIKO3	4 Heizkörper
die Verwaltung	9 Heizkörper.

Die restlichen 10 Heizkörper sind auf die Gebäudeflure verteilt.

Die Gebäudeflure haben eine Gesamtfläche von 100 qm. Davon entfallen jeweils 25 % auf die Endkostenstellen E1 und E2 sowie jeweils 10 % auf die Hilfskostenstellen. Der Rest gehört zur allgemeinen Verwaltung.

Die gesamten Leistungen von HIKO1 wurden zu gleichen Teilen E1 und E2 abgegeben. HIKO2 leistete 25 % ihrer Leistungen an E1 und 75 % ihrer Leistungen an E2. HIKO3 leistete 60 % ihrer Leistungen an E1 und 40 % ihrer Leistungen an E2.

Außerdem wurde von E2 an E1 eine Krankheitsvertretung (Polizeioberkommissar) für 4 Wochen abgeordnet. Umgekehrt wurde von E1 an E2 eine Krankheitsvertretung (Polizeihauptkommissar) für 2 Wochen abgeordnet. Ein Polizeihauptkommissar der Endkostenstelle E1 hat ein Bruttojahresgehalt von 70.000 €. Ein Polizeioberkommissar auf der Endkostenstelle E2 hat ein Bruttojahresgehalt von 60.000 €. Ein Monat soll 20 Arbeitstage, also 4 Arbeitswochen umfassen.

Aufgabe:

Führen Sie eine Kostenstellenumlagerechnung anhand eines BAB durch.

Hinweis

Bitte immer, auch bei allen Zwischenrechnungen, Währungsbeträge kaufmännisch auf zwei Nachkommastellen runden. Prozentzahlen immer kaufmännisch auf zwei NKS runden und damit weiterrechnen.

Lösung:

1. Umlegen der Heizungskosten

Es wird ein „Zuschlag“ an Heizkörpern, die sich auf den Fluren, die zu einer Kostenstelle gehören, gebildet.

E1	= 15 HK + (0,25 × 10)	=	17,5 Heizkörper.
E2	= – „ –	=	17,5 Heizkörper.
HIKO1	= 5 HK + (0,1 × 10)	=	6,0 Heizkörper.

HIKO2 = 9 HK + (0,1 × 10) = 10,0 Heizkörper.
HIKO3 = 4 HK + (0,1 × 10) = 5,0 Heizkörper.
Verwaltung = 9 HK + (0,2 × 10) = 11,0 Heizkörper.

Heizkostenumlage für E1 = (17,5 HK / 67 HK) × 10.000 € Heizkosten = 2.612,00 €.

2. Umlage Verwaltungskosten

Gesamtkosten bisher aller KST (ohne Verwaltung) = 978.359,00 €.
Gesamtkosten Verwaltung bisher: = 46.642,00 €.
Prozentanteil Umlage = (46.642 € / 978.359 €) × 100 = 4,77 %.
Verwaltungsumlage an HIKO1 = 502.612 € × 0,0477 = 23.974,59 €.

3. Umlage der HIKO-Kosten auf die Hauptkostenstellen.

Kostenstellenkosten HIKO1 bisher = 84.754,74 €.
Umlage HIKO1 → E1 = 84.754,74 € × 0,5 = 42.377,37 €.

4. Leistungsverrechnung der Hauptkostenstellen untereinander
(siehe BAB).

5. Summierung der primären und sekundären (umgelegten) Kosten für E1 und E2.

Kostenstelle / Schritt	E1	E2	HIKO1	HIKO2	HIKO3	Allg. Verwaltung
Primäre Kosten	500.000,00	300.000,00	80.000,00	60.000,00	30.000,00	45.000,00
Umlage Heizkosten	2.612,00	2.612,00	896,00	1.493,00	746,00	1.642,00
Umlage Verwaltung	23.974,59	14.434,59	3.858,74	2.933,22	1.466,58 ←	
Umlage HIKO1	42.377,37	42.377,37 ←				
Umlage HIKO2	16.106,55	48.319,67 ←				
Umlage HIKO3	19.327,55	12.885,03 ←				
Leistungen von H2 an H1	+ 5.000	-5.000,00				
Leistungen von H1 an H2	- 2.916,67	+ 2.916,67				
Summe	**606.481,39**	**418.545,33**				

5.6 Übungsaufgabe 3

Sachverhalt:

Ein städtischer Revierleiter möchte die Kosten für verschiedene Leistungen, wie sie üblicherweise in allgemeinen Verkehrskontrollen enthalten sind, wissen. Sie als inzwischen zum Polizeihauptkommissar beförderter Mitarbeiter werden beauftragt, die gewünschten Kosteninformationen zu ermitteln.

Die Personalkosten, so hat eine primäre Kostenermittlung bereits ergeben, betrugen für das Produkt „allgemeine Verkehrskontrolle" insgesamt 50.000 €. Folgende Daten konnten Sie in Erfahrung bringen:

Art der Leistung	Leistungsmenge (Anzahl der einzelnen Leistungen)	Gesamter Arbeitszeitaufwand für die Leistungen in Stunden
Fahrzeugkontrolle	1.800	250
Alkoholkontrolle	600	350
Fahndungsregisterabfrage	500	50
Personalienüberprüfung	1.800	350

Für Material- und kalkulatorische Kosten wurde ein Zuschlagsatz von 20 % ermittelt.

Abbildung 40: Produkt „Allgemeine Verkehrskontrolle“

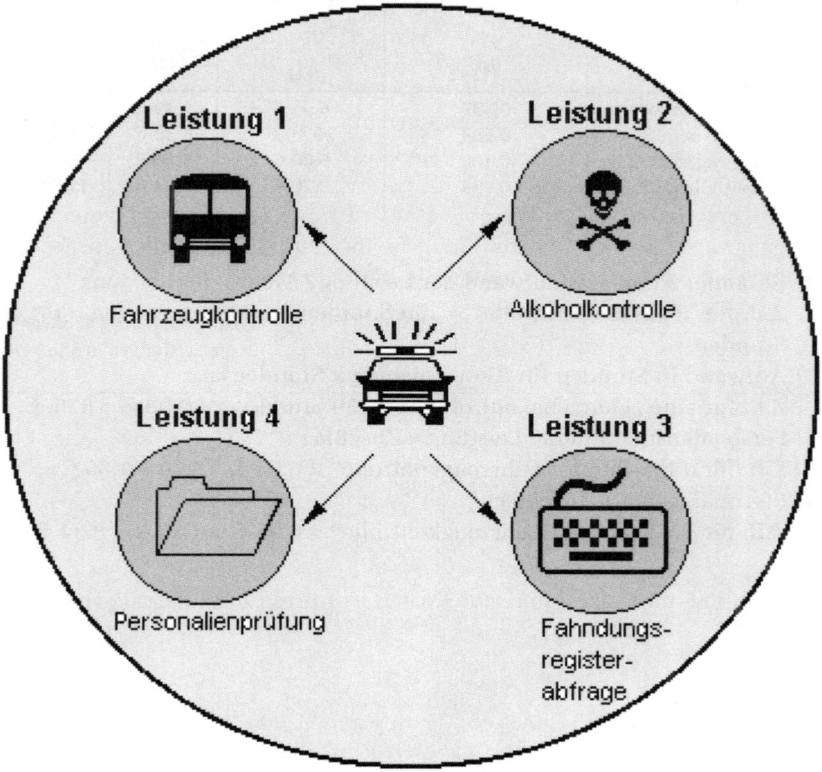

Aufgabe:

Wie hoch sind die Gesamtkosten für jeweils eine Einheit der verschiedenen Leistungen?

Lösung:

Gesamtaufwand für alle Leistungen = 1.000 Stunden.
Gesamte Personalkosten = 50.000 €.
Kosten für 1 Stunde (Stundensatz) = 50.000 € / 1.000 = 50,00 €.

Art der Leistung	Aufwand in Stunden für eine Leistung (1)	Personalkosten für eine Leistung (2)	20 % Zuschlag (3)	Gesamtkosten der Leistung (4)
Fahrzeugkontrolle	0,139	6,95 €	1,39 €	**8,34** €
Alkoholkontrolle	0,583	29,15 €	5,38 €	**34,53** €
Fahndungsregisterabfrage	0,100	5,00 €	1,00 €	**6,00** €
Personalienüberprüfung	0,194	9,70 €	1,94 €	**11,64** €

(1) Gesamter Arbeitszeitaufwand der Leistung / Menge der Leistung
Z.B. für „Fahrzeugkontrolle“ = 250 Stunden / 1.800 Kontrollen = 0,139 Stunden.

(2) Aufwand in Stunden für diese Leistung × Stundensatz
Z.B. für **eine** „Fahrzeugkontrolle“ = 0,139 Stunden × 50,00 € = 6,95 €.

(3) Personalkosten für eine Leistung × Zuschlag
Z.B. für die Leistung „Fahrzeugkontrolle“ = 6,95 € × 0,20 = 1,39 €

(4) Personalkosten + Zuschlag
Z.B. für die Leistung „Fahrzeugkontrolle“ = 6,95 € + 1,39 € = 8,34 €.

6
Kostenanalyse und Kostenmanagement

6.1 Aufgaben eines Kostenmanagements bei der Polizei

Aufgabe des polizeilichen Kostenmanagements ist es, die durch die polizeiliche Arbeit angefallenen Kosten näher unter die Lupe zu nehmen, um etwa „Ansatzhebel" für Kostensenkungspotenziale (Was ist warum zu teuer?) erkennen zu können.

„Unter die Lupe nehmen" bedeutet, die Kosten einer Analyse zu unterziehen, also die Kosten in ihre Bestandteile zu zerlegen. Die im Rahmen einer Kostenanalyse untersuchten Kostenbestandteile sind die **Fixkosten** und die **variablen Kosten**.

6.2 Fixe und variable Kosten

Als **fixe Kosten** bezeichnet man alle Kosten, die **leistungsmengenneutral**, also unabhängig von der Produktionsmenge sind. Egal wie viel produziert wird, egal wie viel Verbrechen auch in einem Präsidialbereich oder Verkehrsunfälle in einem Revierbereich anfallen, diese Kostenart fällt immer in gleicher Höhe an. Bei einem Polizeieinsatzfahrzeug wären die fixen Kosten alle Kosten, die unabhängig von der Fahrleistung (Produktionsmenge) anfallen, also etwa Steuern und TÜV-Gebühren.

Als **variable Kosten** bezeichnet man diejenigen Kosten, deren Höhe von der Produktionsmenge abhängt. Wird nichts produziert, fallen auch keine variablen Kosten an. Im Falle unseres Polizeieinsatzfahrzeuges sind die variablen Kosten etwa Kraftstoffkosten, Kosten für Reifen und Bremsbeläge oder kilometerabhängige Inspektionskosten.

Die Summe von fixen und variablen Kosten bilden die **Gesamtkosten**. **Abbildung 41**, (Seite 123) zeigt, dass die Höhe der Gesamtkosten infolge der mengenbezogenen Abhängigkeit der variablen Kosten mit der Produktionsmenge variiert. Demnach berechnen sich die Gesamtkosten mit:

$$\text{Gesamtkosten}_{\text{für eine bestimmte Menge}} = \text{fixe Kosten} + \text{variable Kosten.}$$

Die variablen Kosten wiederum können berechnet werden mit:

- Variable $\text{Kosten}_{\text{für eine bestimmte Menge}}$ = Variable Stückkosten × Menge.

Was zum Teufel aber sind „variable Stückkosten"? Nun, es sind die variablen Kosten, welche die Produktion einer Leistungseinheit verursacht. Und die berechnen sich mit:

- Variable Stückkosten = Variable $\text{Kosten}_{\text{gesamt}}$ / $\text{Produktionsmenge}_{\text{gesamt}}$

Demnach lautet die Formel zur Berechnung der Gesamtkosten (Kostenfunktion) für eine beliebige Produktionsmenge:

- GK = Fixkosten + (Variable Stückkosten × Produktionsmenge).

> ***Beispiel:***
> *Die fixen Kosten eines Polizeieinsatzfahrzeuges (Versicherung, Steuern, TÜV usw.) betragen 1.000,00 €. Das Einsatzfahrzeug verbraucht 10 Liter Superbenzin auf 100 Kilometer. Ein Liter Superbenzin kostet (ohne Steueranteil!) für die Polizei 0,40 €. Die Einsatzleistung des Fahrzeugs betrug im vergangenen Jahr insgesamt 50.000 Kilometer. Wie hoch sind die Gesamtkosten des Fahrzeugs bei 20.000 Kilometer Fahrleistung?*

Lösung

Verbrauchte Liter	= (50.000 Liter / 100) × 10	= 5.000 Liter.
Variable Kosten insgesamt	= 5.000 Liter × 0,4 €	= 2.000 €.
Variable Kosten pro Kilometer	= 2.000 € / 50.000 Km	= 0,04 € (4 Cent).
Variable Kosten bei 20.000 Kilometer	= 20.000 × 0,04 €	**= 800,00 €.**
Fixkosten	=	= 1.000,00 €
Gesamtkosten bei 20.000 Kilometer	**= 1.000 € + 800 €**	**= 1.800,00 €**

6.3 Erfolgsrechnung

Die Unterscheidung in fixe und variable Kosten spielt insbesondere für **die Erfolgsrechnung** eine zentrale Rolle. Denn der (wirtschaftliche) **Erfolg** ist die Differenz zwischen Gesamterlös (das, was ich einnehme) und den Gesamtkosten (was mich die Erstellung der abgesetzten Güter oder Dienstleistungen kostet), also:

- Erfolg = Gesamterlös – Gesamtkosten.

Im Zuge der zunehmenden Gebührenpflichtigkeit polizeilicher Leistungen (Verkehrsschulungen, Objekt- und Personenschutz, Bagatelleinsätze, Anrechnung der Kosten der Verbrechensaufklärung, Strafzettelverteilung, usw.) gewinnt die Erfolgsrechnung auch im Bereich der polizeilichen Leistung immer mehr an Bedeutung.

Der Gesamterlös berechnet sich mit:

- Gesamterlös = $\text{Gebühr}_{\text{pro abgesetzte Einheit}}$ × abgesetzte Einheiten.

Die Gesamtkosten berechnen sich, wie bereits oben gezeigt, mit

- Gesamtkosten = Fixkosten + (Variable Stückkosten × Produktionsmenge).

Demnach ergibt sich als komplette „Formel" zur Berechnung des Erfolges:

> Erfolg = Gebühr/Einheit × abgesetzte Einheiten – Fixkosten + (Var.Stk. × abgesetzte Einheiten).

Ist der Erfolg „negativ", haben wir es mit einem Verlust zu tun, ist er „positiv", verzeichnen wir einen Gewinn.

6.4 Kostendeckungsgrad

Was den **Kostendeckungsgrad** anbelangt, so bezeichnet dieser den prozentualen Anteil der Erlöse an den Kosten. Der Kostendeckungsgrad (KDG %) wird stets in Prozent ausgedrückt und errechnet sich mit:

$$\text{KDG }\% \; \frac{\text{Erlös}}{\text{Kosten}} = \times 100.$$

Ist der **Kostendeckungsgrad < 100 %**, spricht man von einer **Kostenunterdeckung oder Deckungslücke**, d.h. die Erlöse reichen nicht aus, um die Kosten zu decken.

Ist der Kostendeckungsgrad > 100 %, spricht man von einer **Kostenüberdeckung oder einem Gewinn**.

Ist der **Kostendeckungsgrad = 100 %** spricht man von **Kostendeckung**.

Für die polizeilichen wie im Übrigen auch sonstigen administrativen Leistungen, die gebührenpflichtig sind, gilt der Rechtsgrundsatz des „Kostendeckungsgebotes“. Dieses besagt, dass die Gebühren für gebührenpflichtige Leistungen von Polizei und Verwaltung deren Kosten decken sollen, also weder eine Kostenunterdeckung noch eine Kostenüberdeckung vorliegen soll.

Sachverhalt:

Ein Polizei- und Kriminalmuseum weist jährliche Fixkosten i.H.v. 100.000 € auf. Die variablen Kosten betrugen 50.000 € im letzten Jahr. Bisher wurde im Schnitt ein Eintritt von 1,00 € pro Besucher genommen. Im Schnitt beträgt die Anzahl der Besucher pro Jahr 60.000.

Aufgabe:

Ermitteln Sie den **Gesamterfolg** und den **Kostendeckungsgrad**.

Lösung:

Gesamtkosten	= 100.000 € + 50.000 €	= 150.000 €.
Variable Kosten$_{\text{pro Besucher}}$	= 50.000 € / 60.000 €	= 0,83 €.
Gesamterlös	= 60.000 € × 1,00 €	= 60.000 €.

Gesamterfolg = 60.000 € – 150.000 € = **– 90.000** € (Verlust).

Kostendeckungsgrad = (60.000 € / 150.000 €) × 100 = **40,0** %.

6.5 Kostenanalyse

Mit diesen wenigen Begriffen, nämlich Fixkosten, variable Kosten, Erfolg und Kostendeckungsgrad steht uns das komplette Werkzeug für **Kostenanalysen** zur Verfügung. Kostenstrukturanalysen dienen dazu, Fragen wie

- **?** Um wie viel kann die Gebühr gesenkt werden, um bei einer bestimmten Absatzmenge noch kostendeckend zu sein?
- **?** Um wie viel muss die Gebühr erhöht werden, um bei einer erwartbaren Absatzmenge kostendeckend zu sein?
- **?** Wie viel Abnehmer meiner Leistungen müssen bei bestehender Gebühr vorhanden sein, um kostendeckend zu sein?
- **?** Um welchen Betrag müssen die fixen und/oder variablen Kosten gesenkt werden, um Kostendeckung zu erreichen?

zu beantworten. Im Folgenden werden wir exemplarisch eine Kostenanalyse durchführen.

Sachverhalt:

Für einen Polizeiball sind nach den Erfahrungen der vergangenen Jahre folgende Kostendaten bekannt:

Gesamtkosten	= 20.000 €.
Fixkostenanteil	= 15.000 €.
Eintrittsgebühr pro Teilnehmer	= 50,00 €.
Maximale Anzahl der Besucher (bei 100 % Auslastung)	= 500.

Aufgabe 1:

Ermitteln Sie den Gesamterfolg für 100, 200, 300, 400 und 500 Teilnehmer.

Aufgabe 2:

Ermitteln Sie mittels Erfolgsgrafik die Besucherzahl, die zur Kostendeckung mindestens nötig ist.

Aufgabe 3:

Ermitteln Sie den Kostendeckungsgrad für einen Auslastungsgrad von 60 %, 75 %, 90 % und 95 % und stellen Sie das Ergebnis mittels einer Auslastungsgrafik dar.

Lösung zu Aufgabe 1:

Variable Stückkosten = 5.000 € / 500 Besucher = 10,00 €.

Besucher	Fixkosten	Variable Kosten	Gesamt-Kosten	Gesamt-Erlöse	Gesamterfolg
100	15.000 €	1.000 €	16.000 €	5.000 €	– 11.000 €
200	15.000 €	2.000 €	17.000 €	10.000 €	– 7.000 €
300	15.000 €	3.000 €	18.000 €	15.000 €	– 3.000 €
400	15.000 €	4.000 €	19.000 €	20.000 €	+ 1.000 €
500	15.000 €	5.000 €	20.000 €	25.000 €	+ 5.000 €

Man erkennt, dass knapp 400 Besucher kommen müssten, um kostendeckend zu sein.

Lösung zu Aufgabe 2:

Siehe Abbildung 42 (Seite 123)

Lösung zu Aufgabe 3:

$$\text{Besucheranzahl}_{\text{Auslastungsgrad}} = \text{Vollauslastung x } \frac{\text{Auslastungsgrad}}{100}$$

Auslastungsgrad in %	Besucher	Erlöse	Gesamtkosten	Kostendeckungs-grad
60	300	15.000 €	18.000 €	83,33 %
75	375	18.750 €	18.750 €	100,00 %
90	450	22.500 €	19.500 €	115,38 %
95	475	23.750 €	19.750 €	120,25 %

Grafische Darstellung s. **Abbildung 43** (Seite 124).

Abbildung 41

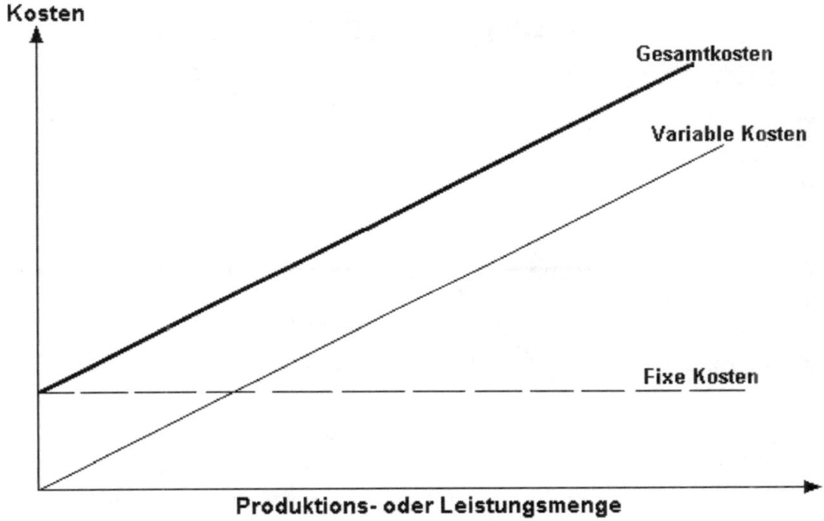

Abbildung 42

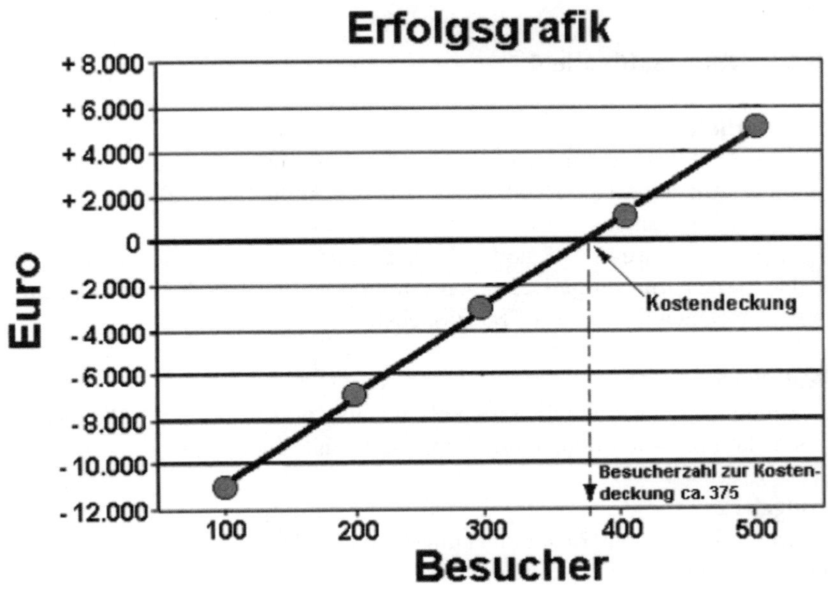

Abbildung 43

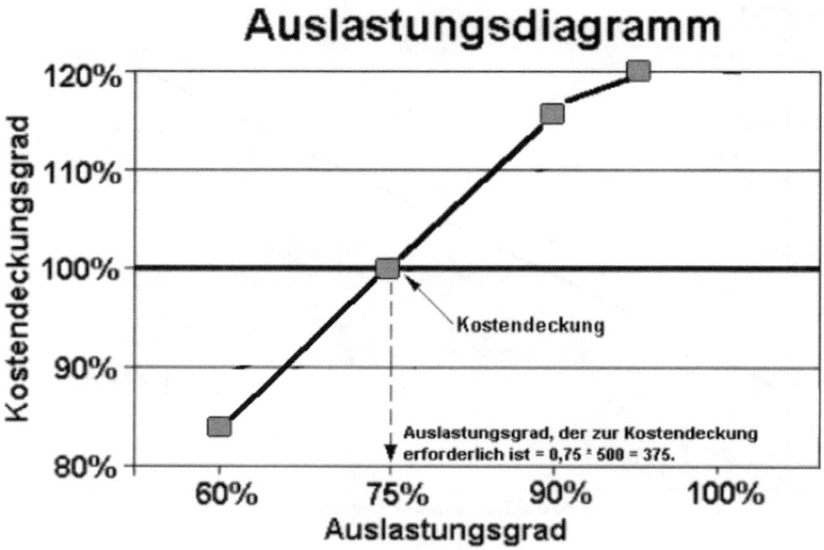

6.6 Übungsaufgabe 4

Sachverhalt:

Eine Kostenstelle für „Verkehrsverstoßahndung" weist insgesamt nach erfolgter Kostenumlage 20.000 € an fixen (Gebäude, Personal) und 10.000 € an variablen Kosten auf.

Insgesamt wurden bei voller Dienstauslastung 1.000 „Knöllchen" für Falschparker und andere „Straßenunholde" ausgestellt. Im Schnitt bringt ein „Knöllchen" 40,00 € ins Staatssäckel.

Aufgabe 1:

Stellen Sie den finanziellen Erfolg für 500, 600, 750, und 1.000 „Knöllchen" anhand einer übersichtlichen Tabelle dar.

Aufgabe 2:

Ermitteln Sie den Kostendeckungsgrad für Auslastungsgrade von 500, 600, 750, und 1.000 „Knöllchen".

Aufgabe 3:

Wie viel „Knöllchen“ müssen mindestens ausgestellt werden, wenn sich der Einsatz unserer Politessen noch „lohnen“ soll? Erstellen Sie hierzu eine passende Grafik.

Aufgabe 4:

Wie hoch ist der Zuschussbedarf des Innenministeriums, wenn nur 650 „Knöllchen“ ausgestellt würden?

Lösung zu Aufgabe 1:

Variable Kosten pro „Knöllchen“ = 10.000 € / 1.000 = 10,00 €.

„Knöllchen“	Fixkosten	Variable Kosten	Gesamtkosten	Gesamteinnahmen	Erfolg
500	20.000 €	5.000 €	25.000 €	20.000 €	– 5.000 €
600	20.000 €	6.000 €	26.000 €	24.000 €	– 2.000 €
750	20.000 €	7.500 €	27.500 €	30.000 €	+ 2.500 €
1.000	20.000 €	10.000 €	30.000 €	40.000 €	+ 10.000 €

Lösung zu Aufgabe 2:

„Knöllchen“	Gesamtkosten (aus Aufgabe 1)	Gesamteinnahmen (aus Aufgabe 1)	KDG in %
500	25.000 €	20.000 €	80,00 %
600	26.000 €	24.000 €	92,31 %
750	27.500 €	30.000 €	109,10 %
1000	30.000 €	40.000 €	133,33 %

Lösung zu Aufgabe 3:

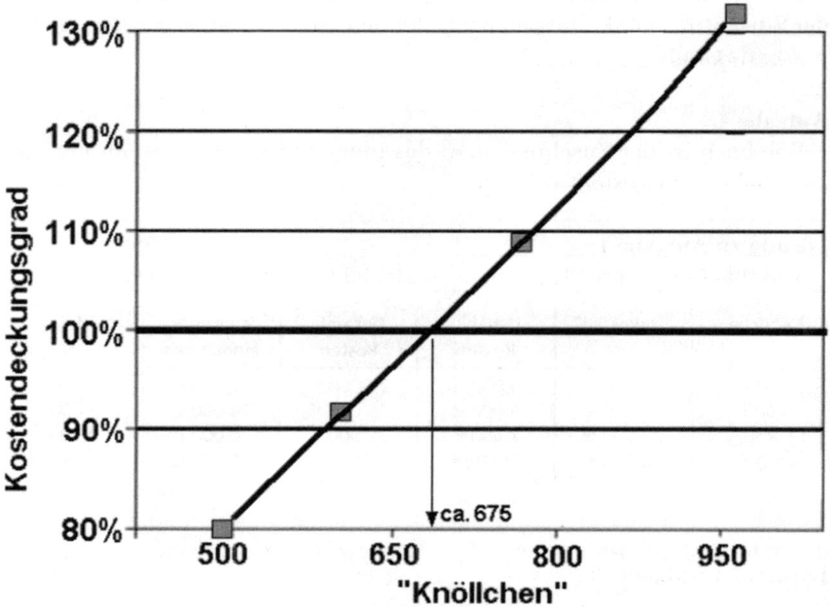

Wenn von 675 „Knöllchen" zur Kostendeckung ausgegangen werden kann, müssen mindestens 676 „Knöllchen" ausgestellt werden.

Lösung zu Aufgabe 4:

Gesamtkosten bei 650 „Knöllchen"	= 20.000 € + (650 × 10 €)	= 26.500 €.
Gesamteinnahmen bei 650 „Knöllchen"	= 650 × 40 €	= 26.000 €.

Zuschussbedarf = Unterdeckung = 500 €.

6.7 Übungsaufgabe 5

Sachverhalt:

Folgende Daten sind gegeben:

Kostenstellenart	Personalkosten der Kostenstelle	Quadratmeter Büroraum
Endkostenstelle 1	100.000 €	50
Endkostenstelle 2	150.000 €	60
Endkostenstelle 3	180.000 €	80
Hilfskostenstelle 1	20.000 €	20
Hilfskostenstelle 2	30.000 €	25
Leitung	50.000 €	40

Die Materialkosten betragen bei allen Kostenstellen 20 % der Personalkosten. Das Gebäude wurde zum Preis von 250.000 € gebaut. Die AfA beträgt 2 %.

Es werden von den drei Endkostenstellen unter anderem auch zwei Produkte hergestellt, die aus den folgenden Leistungsbeiträgen der Endkostenstellen bestehen.

Produkt 1 enthält 50 % der Leistungen der Endkostenstelle 1.
30 % der Leistungen der Endkostenstelle 2.
10 % der Leistungen der Endkostenstelle 3.
Produkt 2 enthält 10 % der Leistungen der Endkostenstelle 1.
90 % der Leistungen der Endkostenstelle 3.

Das Produkt 1 wurde 500-mal und das Produkt 2 genau 399-mal erzeugt.

Aufgabe:

Wie hoch sind die Kosten für eine Einheit von Produkt 1 und eine Einheit von Produkt 2?

Lösung:

Zunächst ist eine Kostenumlage mittels BAB zu realisieren.

Position \ Kostenstellen	EKS1	EKS2	EKS3	HIKO1	HIKO2	Leitung
Primärkosten	120.000	180.000	216.000	24.000	36.000	60.000
Umlage Gebäude (1)	909	1.091	1.454,50	363,50	455	727,50
Umlage Leitung (2)	12.659,17	18.960,23	22.787,49	2.550,86	3.816,84	
Umlage HIKO 2 (3)	9.373,73	14.039,47	16.860,04			
Umlage HIKO 1 (4)	6.264,62	9.382,82	11.267,85			
Summe	149.206,52	223.473,52	**268.369,88**			

(1) Gesamtquadratmeter = 275.
Abschreibung p.a. = 250.000 € × 0,02 = 5.000 €.
Beispielsweise Umlage der Gebäudekosten für die „Leitung“
= 5.000 € × (40 / 275) = 727,50 €.

(2) Prozentualer Umlagesatz = (Leitungskosten bisher / Summe alle anderen bisher) × 100 = (60.727,50 € / 580.273 €) × 100 = 10,47 %.
Beispielsweise Umlage für die HIKO 2 = 36.455 € × 0,1047 = 3.816,84 €.

(3) Da kein Schlüssel angegeben ist, müssen diese Kosten wie die Gemeinkosten nach einem kostenbezogenen Umlageschlüssel verteilt werden. (Wer mehr Kosten hat, produziert auch mehr und nimmt mehr Hilfskostenstellendienste in Anspruch).
Umlage = (Summe der HIKO-Kosten bis hier / Summe aller Endkostenstellen bis hier) × Summe der betreffenden Endkostenstelle bis hier
Beispiel Umlage der HIKO 2 auf EKS 3:
Summe der Kosten der HIKO 2 = 40.271,84 €
Summe der Kosten aller Endkostenstellen = 573.841,39 €
Summe der Endkostenstelle 3 bis hier = 240.241,99 €
Umlage = (40.271,84 € / 573.841,39 €) × 240.241,99 € = 16.860,04 €

(4) Auch hier muss von den Gesamtkosten der Endkostenstellen bis zur Umlage der Leitungskosten ausgegangen werden. Es dürfen nicht die umgelegten Kosten der HIKO 2 auf die Endkostenstellen mit addiert werden.
Beispiel Umlage der HIKO 1 auf EKS 3:
Umlage = (26.914,36 € / 573.841,39 €) × 240.241,99 € = 11.267,85 €.

Die Kosten für die einzelnen Produkte errechnen sich nun wie folgt:
Es sind die prozentualen Anteile der Leistungen der Kostenstellen an den Gesamtkostenstellenkosten zu errechnen und zu addieren. Anschließend ist diese Summe durch die Anzahl der Produkte zu teilen.

Produkt 1

$$\frac{(0{,}5 \times 149.206{,}52\ €) + (0{,}3 \times 223.473{,}52\ €) + (0{,}1 \times 268.369{,}88\ €)}{500} = \mathbf{336{,}96}\ €.$$

Produkt 2

$$\frac{(0{,}1 \times 149.206{,}52\ €) + (0{,}9 \times 268.369{,}88\ €)}{399} = \mathbf{642{,}74}\ €.$$

7. Leistungsrechnung

Polizeiliche Leistungen sind eigentlich dazu da, eine bestimmte Wirkung, nämlich öffentliche Sicherheit für die Bevölkerung, herzustellen.

Demzufolge können nicht allein die Kosten das dominierende Kriterium zur Bewertung der Polizeiarbeit sein. Vielmehr muss neben der Kostentransparenz auch der Grad der Wirkung bzw. **die Qualität polizeilicher Leistungen** darstellbar sein. Denn „billige" Polizeileistungen, die „schlurig" und fehlerhaft sind, bringen kaum eine erwünschte Wirkung (etwa lediglich „Inaugenscheinnahme" eines Verdächtigen aus dem Fenster des Einsatzwagens statt Personenüberprüfung). Derartig „billige" Leistungen sind deshalb ineffizient, also unwirtschaftlich. Jeder Euro für eine solche Leistung wäre, gemessen am Auftrag der Polizei, pure Geldverschwendung.

Polizeiliche Leistungen mit einem möglichst minimalen Kostenaufwand durchzuführen, wird sich in der Regel negativ auf die Qualität dieser Leistungen und deshalb auch auf die Wirkung polizeilichen Handelns, nämlich Herstellung öffentlicher Sicherheit, auswirken. Anderseits verursacht, wie wir bereits im ersten Kapitel sahen, Qualität aber auch Kosten. Deshalb müssen polizeiliche Entscheidungsträger wissen, in welchem Maße „Kosteneinsparungen" bei den Polizeileistungen die Qualität und Wirkungen dieser Leistungen beeinträchtigen. Für derartige Abwägungen bedarf es der Verknüpfung von Kosten und Leistungsqualität. Genau dies ist die Aufgabe der Leistungsrechnung.

Die Leistungsrechnung geht davon aus, dass die in ein Produkt (z.B. Aufklärung eines Verbrechens) einfließenden polizeilichen Leistungen (Tatortsicherung, Spurensicherung, Befragung von Zeugen, Ermittlungsarbeit, usw.) in ihrer Ergebnisqualität bewertet werden können. Die Qualität des Produktes hängt demnach entscheidend von der Qualität der Einzelleistungen ab, aus denen es besteht. Auf der anderen Seite soll mit einem Produkt aber auch eine Wirkung (z.B. Inhaftierung unseres Verbrechers zum Schutz der Gesellschaft vor weiteren Straftaten) erreicht werden. Mit der Qualität der Leistungen, aus denen ein Produkt besteht, fällt und steht die Produktqualität und damit auch die Wirkung des Produktes (**Abbildung 42**, Seite 123).

Im Folgenden soll exemplarisch eine Leistungsrechnung anhand des Produktes „Sicherheit bei Fußball-Großveranstaltungen" durchgeführt werden.

Das Produkt „Sicherheit von Fußballgroßveranstaltungen" „enthält" verschiedene Leistungen der eingesetzten Polizeikräfte, etwa
- Durchsuchung von „Fans" nach Waffen vor dem Spiel,
- Abschottung der „Fanblöcke",
- Begleitung der Fans vom Bahnhof zum Stadion und umgekehrt,
- Eingriff bei gewalttätigen Auseinandersetzungen,
- Arrestierung von Personen, von denen Gewaltakte ausgehen usw.

7.1 Ermittlung der Qualitätsmerkmale eines Produktes und Gewichtung

Um nun die Produkt- und damit auch Wirkungsqualität messbar zu machen, müssen zunächst **Bewertungskriterien** oder **Qualitätsmerkmale** für das Produkt definiert werden. Da die verschiedenen Qualitätsmerkmale eines Produktes eine unterschiedliche Auswirkung auf die Gesamtqualität des Produktes haben, müssen die Qualitätsmerkmale zusätzlich **gewichtet** werden. Für die Bestimmung von Gewichten bietet sich etwa das **Rangpunkteverfahren** an, das Sie unter Ziffer 7.3 finden und nachträglich erläutert wird.

Hierbei werden zunächst Bewertungskriterien (Qualitätsmerkmale) definiert und von den Mitgliedern eines Gewichtungskonsortiums im Hinblick auf ihren „Beitrag" zur Qualität des Produktes bewertet. Bewertungskriterien mit einem hohen Qualitätsbeitrag erhalten entsprechend hohe Punktzahlen. Bewertungskriterien, deren Bedeutung für die Produktqualität weniger bedeutsam eingeschätzt wird, erhalten entsprechend geringe Punktzahlen. Die Abstimmungsergebnisse der Beteiligten werden dann mit einem speziellen Rechenverfahren ausgewertet und die jeweiligen Kriteriengewichte berechnet.

Für unser Beispiel werden 4 Kriterien gewählt, nach denen sich sowohl die Qualität der einzelnen Leistungen (z.B. Durchsuchung von Personen nach Waffen) als auch die Qualität des Produktes „Sicherung von Fußballgroßveranstaltungen" bewerten lässt.

Vereinfachend soll hier die Qualität des Produktes als Ganzes anhand der Kriterien berechnet werden.

Die folgende Tabelle zeigt die vier Kriterien und ihre Gewichtungen.

Produkt-Nr.
Produktbezeichnung: „Sicherung Fußballgroßveranstaltung“

Qualitäts-/Bewertungskriterium	Gewicht
Vollständigkeit der Waffendurchsuchung	0,18 = 18 %
Deeskalationskompetenz[3]	0,08 = 8 %
Verhinderung von Gewalttaten im Stadion	0,24 = 24 %
Verhinderung von Gewalttaten außerhalb des Stadions	0,51 = 51 %

Die Gewichtungen sind die prozentualen „Wichtigkeitsbeiträge“ der einzelnen Kriterien zur Gesamtwichtigkeit, die stets 100 % ist.

7.1.1 Bewertungsregeln

Jede Leistungsmessung erfordert darüber hinaus konkrete **Bewertungsregeln**, anhand derer sich die Qualität des Produktes bewerten lässt.

Für jedes Kriterium des Produktes sind solche Bewertungsregeln zu erstellen.

Produkt-Nr.

Produktbezeichnung: „Sicherung von Fußballgroßveranstaltungen“

Bewertungsregeln für Kriterium: „Vollständigkeit der Waffendurchsuchung“

Wert	Bedingung
1,0	Wenn keine Waffen gegen Menschen benutzt wurden.
0,75	Wenn weniger als 5 Körperverletzungen durch Waffen herbeigeführt wurden.
0,5	Wenn 5 bis 10 Körperverletzungen durch Waffen herbeigeführt wurden.
0,2	Wenn mehr als 10 Körperverletzungen durch Waffen herbeigeführt wurden.

3 Deeskalationskompetenz zeigt den Erfolg von Polizeieinheiten, bereits begonnene Streitigkeiten schnell zu schlichten, um eine Gewaltausweitung zu verhindern.

Produkt-Nr.

Produktbezeichnung: „Sicherung von Fußballgroßveranstaltungen"

Bewertungsregeln für Kriterium: „Deeskalationskompetenz"

Wert	Bedingung
1,0	Wenn alle Streitigkeiten geschlichtet werden konnten.
0,75	Wenn 90 % bis 99 % der Streitigkeiten geschlichtet werden konnten.
0,5	Wenn 75 % bis 89 % der Streitigkeiten geschlichtet werden konnten.
0,2	Wenn weniger als 75 % der Streitigkeiten geschlichtet werden konnten.

Produkt-Nr.

Produktbezeichnung: „Sicherung von Fußballgroßveranstaltungen"

Bewertungsregeln für Kriterium: „Verhinderung von Gewalttaten im Stadion"

Wert	Bedingung
1,0	Wenn keine Gewalttaten stattfanden.
0,75	Wenn weniger als 10 Gewalttaten stattfanden.
0,5	Wenn 10 bis 15 Gewalttaten stattfanden.
0,2	Wenn mehr als 15 Gewalttaten stattfanden.

Produkt-Nr.

Produktbezeichnung: „Sicherung von Fußballgroßveranstaltungen"

Bewertungsregeln für Kriterium: „Verhinderung von Gewalttaten außerhalb des Stadions"

Wert	Bedingung
1,0	Wenn keine Gewalttaten stattfanden.
0,75	Wenn weniger als 10 Gewalttaten stattfanden.
0,5	Wenn 10 bis 15 Gewalttaten stattfanden.
0,2	Wenn mehr als 15 Gewalttaten stattfanden.

7.1.2 Qualitätsmessung durchführen

Das Ergebnis einer durchgeführten Qualitätsmessung für das Produkt „Sicherheit bei Fußballgroßveranstaltungen" könnte etwa wie folgt aussehen:

Bewertungskriterium	Messwert	Punktewert
Vollständigkeit der Waffendurchsuchung	15 Körperverletzungen infolge Waffengebrauchs	0,2
Deeskalationskompetenz	In 95 % der Fälle konnten rivalisierende Fangruppen rechtzeitig getrennt werden	0,75
Verhinderung von Gewalttaten im Stadion	5 Fanprügeleien	0,75
Verhinderung von Gewalttaten außerhalb des Stadions	keine Vorkommnisse	1,00

7.1.3 Berechnung der Produktqualität

Zur Berechnung der Produktqualität werden für jedes Kriterium (k) die Kriteriengewichte (G) mit den festgestellten Messwerten (M) multipliziert und die Ergebnisse anschließend addiert, um den Produktgesamtqualitätswert zu erhalten.

- Produktqualität = $\Sigma G(k) \times M(k)$

Das Ergebnis zeigt die folgende Tabelle:

Qualitäts- oder Bewertungskriterium	Gewicht (G)	Messwert (M)	Ergebnis (G × M)
Vollständigkeit der Waffendurchsuchung	0,18	0,2	0,036
Deeskalationskompetenz	0,08	0,75	0,06
Verhinderung von Gewalttaten im Stadion	0,24	0,75	0,18
Verhinderung von Gewalttaten außerhalb des Stadions	0,51	1,00	0,51
Summe	1,00		0,786

Die Produktqualität beträgt 78,6 % von möglichen 100 %. Damit liegt für das Produkt „Sicherung von Fußballgroßveranstaltungen“ ein qualitatives Optimierungspotenzial in Höhe von 100 – 78,6 = 21,4 % vor. Mit anderen Worten lässt sich die Produktqualität durch Qualitätsverbesserungen bei den einzelnen Qualitätsmerkmalen und den diesen zugrunde liegenden

Leistungen noch um 21,4 % erhöhen, sofern dies mit einem vertretbaren Ressourcenmehraufwand realisierbar ist.

7.1.4 Prüfung der Wirtschaftlichkeit von Qualitätsverbesserungen

Mittels **Simulation** kann nun überprüft werden,
- welche Qualitätssteigerungen bei welchen Qualitätsmerkmalen welche Auswirkung auf die Gesamtproduktqualität haben,
- welche zusätzlichen Kosten mit einer Qualitätssteigerung verbunden sind und
- ob sich die Qualitätssteigerung „lohnt".

Grundsätzlich sollte vor der eigentlichen Simulation geklärt werden,
- bei welchen Qualitätsmerkmalen eine Qualitätsverbesserung überhaupt wünschenswert oder politisch gewollt ist,
- bei welchen Qualitätsmerkmalen eine Qualitätsverbesserung überhaupt durchführbar ist.

Daran anschließend ist zu überprüfen, ob eine Qualitätsverbesserung in bestimmtem Ausmaß zumindest kostenproportional, d.h. kostenmäßig vertretbar ist. Damit kommt eine kostenorientierte Betrachtung von Qualitätsvariationen ins Spiel. Etwa könnte die Leistung „Durchsuchung der Fans nach Waffen vor dem Spiel" ja durch einen erhöhten Personaleinsatz verbessert werden. Hier gilt es dann allerdings auch zu prüfen, ob diese Qualitätsverbesserung nicht mit überproportionalem zusätzlichem Kostenaufwand erkauft werden muss.

Zur Überprüfung dient die Methode der **Kosten-Qualitäts-Effizienz**, wonach gilt:

$$\text{KQE} = \frac{\Delta\ \text{Qualitätszunahme}\ \%}{\Delta \text{Qualitätskostenzunahme}\ \%} > 1$$

Das bedeutet sehr simpel, dass das prozentuale Veränderungsverhältnis zwischen Qualitätssteigerung und dafür aufgewendeten Zusatzkosten „positiv" sein muss, demnach die durch einen bestimmten zusätzlichen Ressourcenaufwand erzielbare Mehrqualität den zusätzlichen Ressourcenaufwand übersteigen muss.

Sachverhalt:

Die Qualität der Leistung „Durchsuchung der Fans nach Waffen vor dem Spiel“ kann durch Einsatz von 10 % zusätzlicher Polizeikräfte vor dem Stadion in ihrem Qualitätswert von 0,2 auf 0,8 gesteigert werden. Durch die höhere Beamtenzahl, die auch während der Fußballveranstaltung im Stadion eingesetzt werden kann, können auch mehr Gewalttaten im Stadion verhindert werden, sodass das Qualitätskriterium „Verhinderung von Gewalttaten im Stadion“ um 10 %, also auf einen Qualitätswert von 0,85 gesteigert werden kann. Das Personalbudget, das bisher für einen Großeinsatz 192.000 € betrug, wird dadurch auf 216.000 € gesteigert.

Aufgabe:

Ist die Qualitätssteigerung wirtschaftlich?

Lösung:

Zunächst wird der neue Gesamtqualitätswert analog dem bereits gezeigten Vorgehen ermittelt.

Qualitäts- oder Bewertungskriterium	Gewicht (G)	Messwert (M)	Ergebnis (G × M)
Vollständigkeit der Waffendurchsuchung	0,18	0,8	0,144
Deeskalationskompetenz	0,08	0,75	0,06
Verhinderung von Gewalttaten im Stadion	0,24	0,85	0,204
Verhinderung von Gewalttaten außerhalb des Stadions	0,51	1,00	0,51
Summe	**1,00**		**0,918**

Die prozentuale Qualitätsveränderung beträgt:

ΔQualität = 0,918 – 0,786 = 0,116 = +13,2 %

Die Kostenveränderung beträgt

ΔKosten = ((216.000 € / 192.000 €) × 100) – 100 = +12,5 %

Demnach ergibt sich für die Kosten-Qulitäts-Effizienz:

$$KQE = \frac{\Delta \text{Qualitätszunahme \%}}{\Delta \text{Qualitätskostenzunahme \%}} = \frac{13{,}2}{12{,}5} = 1{,}056$$

also ein Wert, der größer als 1 ist.

Die beabsichtigte Qualitätssteigerung des Gesamtproduktes liegt in ihrem Ausmaß über den hierfür erforderlichen Kosten. Unter kostenwirtschaftlichen Gesichtspunkten ist deshalb die Maßnahme anzuraten.

7.2 Kosten-Relevanz-Analyse

Die Kosten-Relevanz-Analyse ist ein Instrument zur kosten- und qualitätsbezogenen Bewertung von Leistungen, also ein Instrument an der „Schnittstelle" von Qualität und Kosten. In qualitätsbezogener Hinsicht stehen zwei Größen im Vordergrund, nämlich zum einen die **Bedeutung (Relevanz)**, die eine bestimmte Leistung (z.B. Durchsuchung auf Waffen) für das gesamte Produkt („Sicherung von Fußballgroßveranstaltungen") hat und zum anderen die Kosten dieser Leistung. Dabei geht es im Wesentlichen um die Bedeutung oder Funktionalität der Ergebnisse einzelner polizeilicher Leistungen für das Gesamtprodukt bzw. dessen Wirkung in das Verhältnis zu den Kosten der betreffenden Leistungen zu setzen. Zeigt sich etwa, dass relativ „unwichtige", eben **irrelevante** Leistungen mit überproportionalen Kosten verbunden sind, ist zu prüfen, ob nicht ein kostengünstigerer Ersatz oder der Verzicht auf diese unbedeutende Leistungen angebracht ist, um die Gesamtkosten des Produktes zu senken.

Da sich ein Produkt aus verschiedenen polizeilichen Leistungen zusammensetzt, gilt es zu ermitteln, ob sich die Kosten für die einzelnen Leistungen im „richtigen" Verhältnis zu deren Bedeutung, Nutzen oder Relevanz für das Produkt befinden. Dieses Verhältnis errechnet sich mit:

Kosten % (Leistung x) = (Leistungskosten / Produktgesamtkosten) × 100
Bedeutung % (Leistung x) = (Leistungsbeitrag / Produktgesamtqualität) × 100

Die Relevanz der einzelnen Leistungen kann unter anderem durch Expertenbeurteilungen, Auftraggeberprioritäten oder anhand politischer Zielprioritäten festgestellt werden. Das **Kosten/Relevanz-Verhältnis** (KR-Index) für jede Leistung errechnet sich mit

$$\text{KR-Index} = \left[\frac{\text{Bedeutung \% (Leistung x)}}{\text{Kosten \% (Leistung x)}}\right] \times 100 - 100$$

Die folgende Berechnung illustriert das Vorgehen:

Produkt „Sicherung von Fußballgroßveranstaltungen“

	Leistung, die in das Produkt einfließt	Relativer Kostenanteil der Leistung an den Gesamtkosten des Projektes (in Prozent)	Relativer Anteil der Bedeutung der Leistung am Gesamtnutzen des Produktes (in Prozent)	KR-Index	Kostenprüfung	Qualitätsprüfung
A	Alkoholkontrollen vor dem Stadion	28	5	– 82	✓	
B	Waffendurchsuchung vor dem Stadion	10	20	+ 100		
C	Trennung der Fanblöcke	10	40	+ 300		✓
D	Begleitung der Fans ins Stadion	30	30	0		
E	Verkehrsregelung	22	5	– 77	✓	
	Σ	**100**	**100**			

Ein negativer KR-Index weist die betreffende Leistung verglichen mit seiner Bedeutung für das Gesamtprodukt bzw. dessen Wirkungsziel als „zu teuer“ aus. Dies bedeutet, dass Kosten für Leistungen „verschwendet“ werden, deren Bedeutung gering ist. Die Kosten bei diesen Leistungen sollten gesenkt werden, indem das Qualitätsniveau der Ergebnisse dieser Leistungen gesenkt oder die Leistung eingestellt wird. Umgekehrt ist aber auch zu überlegen, ob die dadurch eingesparten Kosten zumindest teilweise für die Qualitätserhöhung der Ergebnisse bestimmter anderer Leistungen, die eine hohe Relevanz aufweisen, eingesetzt werden sollten. Die Gesamtwirkung des Produktes kann so „kostenneutral“ gesteigert werden.

Um die KR-Indizes der einzelnen Leistungen übersichtlich aufzuzeigen, verwendet man das sog. **Kosten-Relevanz-Diagramm** (**Abbildung 45**, Seite 141).

Aus der „Lage" der Leistungen im Kosten-Relevanz-Diagramm können folgende Aussagen gewonnen werden:

Komponente	Folgerung
A und E	„Zu teuer", die Kosten der Leistung sollten mit dem Ziel geringerer Produktgesamtkosten durch qualitative oder Mengenreduktion verringert werden.
D	Optimales Kosten-/Bedeutungs-Verhältnis.
B	Kosten-/Bedeutungs-Verhältnis innerhalb der Toleranz.
C	Positiver KR-Index außerhalb der Toleranz. Hier ist zu fragen, ob angesichts der Bedeutung der Leistung für das Produkt der Wirkungserfolg des Produktes nicht durch eine kostenmäßig vertretbare zusätzliche Qualitätserhöhung der Leistung vergrößert werden kann.

7.3 Exkurs: Rangpunkteverfahren zur Ermittlung von Gewichtungen

Das Verfahren umfasst 4 Schritte.

(1) Zunächst werden die vorgegebenen Bewertungskriterien/Qualitätsmerkmale von den Mitgliedern eines Gewichtungskonsortiums in eine Rangfolge gebracht, die sich nach der persönlichen Einschätzung des jeweiligen Abstimmungsteilnehmers im Hinblick auf den „Qualitätsbeitrag" dieses Kriteriums zur Qualität des Produktes richtet.

(2) Je nach Anzahl der Bewertungskriterien wird eine bestimmte Punktzahl nach der Formel **Punktzahl = (Kriterienanzahl)^2 + 1** auf die einzelnen Teilnehmer verteilt. Bei vier Bewertungskriterien wäre die auf die einzelnen Bewertungskriterien zu verteilende Gesamtpunktzahl für jeden Teilnehmer 17 Punkte.

(3) Bewertungskriterien mit einem hohen Qualitätsbeitrag erhalten entsprechend hohe Punktzahlen. Bewertungskriterien, deren Bedeutung für die Produktqualität weniger bedeutsam eingeschätzt wird, erhalten entsprechend geringe Punktzahlen.

(4) Die Abstimmungsergebnisse der Beteiligten werden arithmetisch ausgewertet, indem die jeweiligen Gewichte auf der Basis der Stimmensummen berechnet werden.

Im folgenden Beispiel gelten vier Qualitätsmerkmale als Bewertungskriterien bei der Qualitätsbeurteilung eines Produkts „Sicherung von Fußballgroßveranstaltungen". Die von jedem Bewerter zu vergebende Gesamtpunktzahl beträgt $4^2 + 1 = 17$ Punkte.

Bewerter / Qualitätskriterium	Bewerter 1	Bewerter 2	Bewerter 3	Summe (relativ = Gewicht)
Vollständigkeit der Waffendurchsuchung	2 Punkte	4 Punkte	3 Punkte	9 Pkt. **(0,18)**
Deeskalationskompetenz	1 Punkt	1 Punkt	2 Punkte	4 Pkt. **(0,08)**
Verhinderung von Gewalttaten im Stadion	5 Punkte	3 Punkte	4 Punkte	12 Pkt. **(0,24**)
Verhinderung von Gewalttaten außerhalb des Stadions	9 Punkte	9 Punkte	8 Punkte	26 Pkt. **(0,51)**
Summe	17 Punkte	17 Punkte	17 Punkte	51 Pkt. (1,00)

Abbildung 44

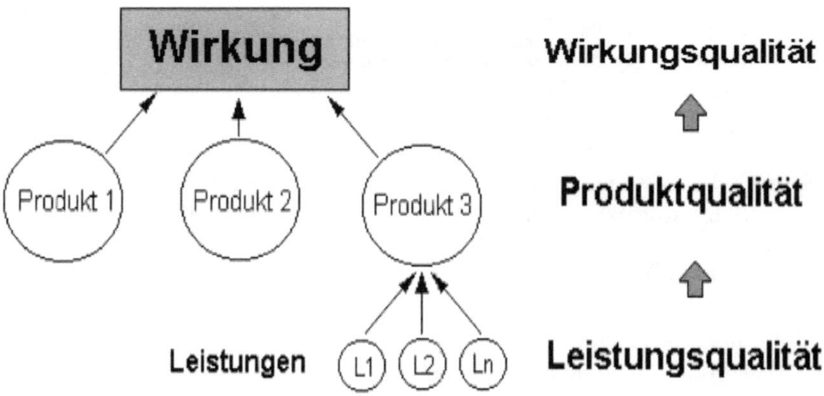

Abbildung 45

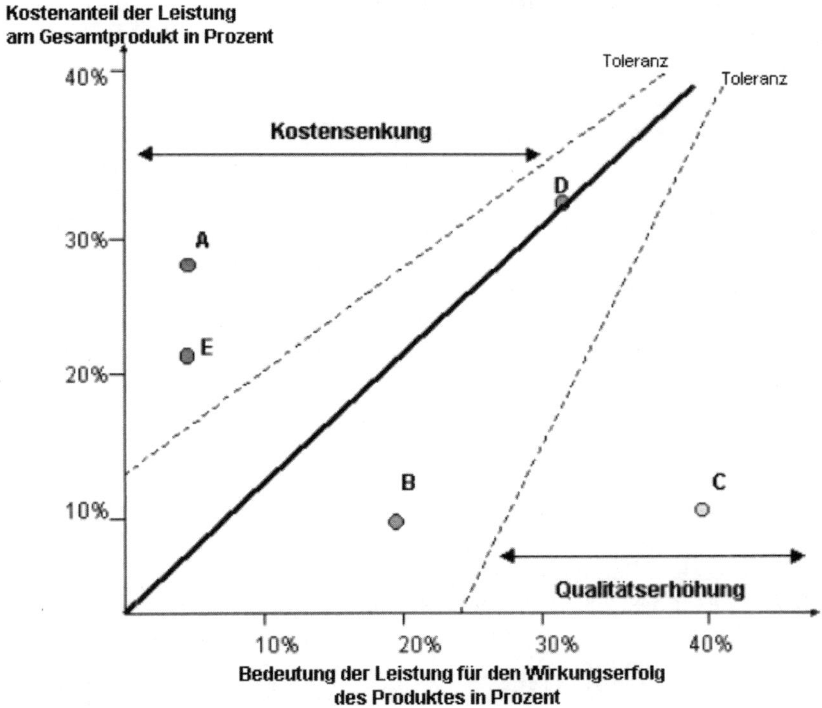

8
Polizeimanagement und Controlling

8.1 Was ist Polizeimanagement?

Mit der Einführung des Neuen Steuerungsmodells erhält die Polizeiführung, etwa ein Polizeirat, der als Revierleiter fungiert, völlig neue Aufgaben. Er soll in seinem Verantwortungsbereich **nicht nur vorgegebene Aufgaben und die Verwendung der ihm zustehenden finanziellen Mittel vollziehen**, sondern **aktiv für die Erreichung vorgegebener Wirkungsziele** (z.B. Absenkung der schweren Verkehrsunfälle) **und Kostenziele** (z.B. das Budget, das unserem Revierleiter für Maßnahmen zur Verkehrssicherheitserhöhung zur Verfügung steht) **sorgen**.

Damit ist unser Revierleiter gezwungen, sich Gedanken darüber zu machen,

(1) **?** Was ist zu tun (z.B. Alkoholkontrollen), damit die vorgegebenen Wirkungsziele (z.B. Erhöhung der Straßenverkehrssicherheit) polizeilichen Handelns erreicht werden?

(2) **?** Wie ist das, was man tun muss, um die Wirkungsziele zu erreichen, durchzuführen (z.B. wann, wie häufig und wo sind Alkoholkontrollen durchzuführen)?

(3) **?** Wie kann gewährleistet werden, dass das, was für die Erreichung der Wirkungsziele polizeilichen Handelns getan werden muss, auch so getan wird, wie es vorgesehen ist?

(4) **?** Was ist zu tun, dass unser Revierleiter überhaupt merkt, wenn „etwas schief geht" (z.B. schwere Verkehrsunfälle trotz verstärkter Alkoholkontrollen)?

Genau diese „Gedanken" sind es, die den Kern dessen, was einen **Polizeimanager** auszeichnet, beschreiben.

„Managen" leitet sich ab von *lat. „manus = Hand"* und bedeutet soviel wie „die Zügel in der Hand halten und dem „Gaul" sagen, wohin es geht". Mit der Beantwortung der oben gestellten 4 Fragen kann unser Polizeimanager genau dies erreichen. Denn die vier Fragen bedeuten:

(1): Ein Manager muss inhaltliche Ziele setzen, also ein **Wirkungsziel** festlegen.

(2): Wie, womit, bis wann sollen die Wirkungsziele erreicht werden und was darf das kosten?

Damit ist die Frage nach den **Leistungen** oder Produkten angesprochen, die in bestimmter Menge und Qualität (z.B. unregelmäßige, überraschende Alkoholkontrollen) erstellt werden müssen.

(3): Unser Polizeimanager muss ständig „beobachten", ob alles so getan wird, wie es getan werden soll, und ob die Wirkungsziele erreicht werden. Man nennt diese ständige Beobachtung des eigenen Tuns im Hinblick auf das Erreichen eines Ziels **Controlling** (z.B. werden so viele Alkoholkontrollen wie geplant durchgeführt, konnte die Anzahl der alkoholbedingten schweren Verkehrsunfälle verringert werden?).

(4): Wenn Frage (3) negativ beantwortet wird, was ist zu ändern (z.B. Erhöhung der Anzahl der Alkoholkontrollen oder „Augentest" zur Feststellung von Rauschgiftkonsum jugendlicher Fahrer, verstärkte Kontrollen am Wochenende in der Nähe von Diskos usw.). Dies bedeutet **Korrektur** des bisherigen Tuns, um das Wirkungsziel jetzt durch verbesserte Maßnahmen erreichen zu können.

Polizeiliches Management umfasst also alle Aktivitäten, um genau drei Aufgaben zu erfüllen, nämlich (**Abbildung 46**, Seite 149)

(a) Ziele und die Maßnahmen **planen**, die zur Zielerreichung geeignet sind (was soll womit erreicht werden?),

(b) **kontrollieren**, ob die geplanten Maßnahmen tatsächlich auch so, wie geplant, durchgeführt werden und ob sie uns dem Ziel (Wirkung) näher bringen.

(c) Wenn sich herausstellt, dass die geplanten Maßnahmen nicht so umgesetzt werden, wie vorgesehen und deshalb auch die Wirkungsziele nicht erreicht werden, dann muss unser Polizeimanager etwas tun, nämlich korrigierend eingreifen (Beispiel s. oben). Dieses korrigierende Eingreifen bezeichnet man als **Steuerung**.

8.2 Neues Steuerungsmodell erfordert Polizeimanagement

Das Neue Steuerungsmodell, das bereits in Kapitel 2 besprochen wurde, besteht im Kern aus einem **Produkthaushalt**. Dabei werden zwischen Politik und Polizei „Leistungsabsprachen" darüber getroffen, welche Leistungen in welcher Menge und zu welchen Kosten die Polizei erstellen soll, um die politisch gewünschten Ziele zu erreichen. Man bezeichnet diese Leistungsabsprachen als **Kontraktmanagement**. Die finanziellen Mittel, die die Polizei benötigt, um ihre Aufgaben zu erfüllen, werden nun unserem Revierleiter in Form eines **Budgets** zur Verfügung gestellt. Dieses Budget kann unser Polizeimanager/Revierleiter relativ flexibel benutzen, um die im Kontrakt festgelegten Aufgaben zu erledigen. Unser Revierleiter ist demnach für das Erreichen der kontraktuell vereinbarten Ziele, die Durchführung der hierzu erforderlichen Aufgaben und die „wirtschaftliche" Verwendung der Budgetmittel verantwortlich. Man nennt diese Verantwortung **dezentrale Fach- und Ressourcenverantwortung**.

> ***Beispiel***
> *Unser Revierleiter hat sich per Kontrakt gegenüber der Politik verpflichtet, die Zahl der schweren Verkehrsunfälle in seinem Revierbezirk um 20 % zu senken. Hierfür wird das Produkt „Verkehrsüberwachung" mit seinen Leistungen „Alkoholkontrolle, Fahrzeugpapierüberprüfung und Präsenz der Polizei im laufenden Verkehr" erzeugt. Im Kontrakt wurde darüber hinaus festgelegt, welche dieser Leistungen wie oft und mit welcher Intensität produziert werden soll. Hierfür wurde sodann mit der KLR berechnet, was die einzelnen Leistungen in der vorgesehenen Menge und Qualität kosten. Diese Kosten werden unserem Revierleiter dann als Budget für die Erstellung des* ***Produktes „Verkehrsüberwachung"*** *zur Verfügung gestellt.*

Unser Revierleiter hat nun dafür zu sorgen, dass die der Politik versprochene Wirkung auch erreicht wird und er mit dem zur Verfügung gestellten Budget auskommt (**Abbildung 45**, Seite 141).

Um das zu schaffen, muss er zwei Dinge tun:
- darauf achten, dass die Leistungen in der Menge und Qualität erstellt werden, wie dies zur „Produktion" einer Verkehrsüberwachung, mit der die Wirkung „Reduktion der schweren Verkehrsunfälle" erreicht werden soll, auch erzeugt werden,
- darauf achten, dass er das ihm dafür zur Verfügung gestellte Budget auch einhält.

Unser Revierleiter ist damit zum Polizeimanager mutiert, der die Qualitäts- und Kostenzügel für sein Revier in der Hand hält und ständig darauf zu achten hat,
- dass die erbrachten Leistungen in ihrer Qualität stimmen,
- dass der hierfür zur Verfügung stehende Kostenrahmen nicht überschritten wird,
- ob sich ein Wirkungserfolg (Abnahme der schweren Verkehrsunfälle) tatsächlich einstellt.

Letztlich bedeutet das, dass unser Polizeimanager aktiv daran arbeiten muss, dass das Produkt „Verkehrsüberwachung" erzeugt wird

- durch die **„richtigen" Leistungen.** Wer soll wann und wo „Alkoholkontrollen durchführen? Unser Revierleiter hat etwa darauf zu achten, dass genügend Ressourcen zur richtigen Zeit zur Verfügung stehen, um eine Leistung zu erbringen. Hierzu zählen z.B. Einsatzpläne und Urlaubsvertretungspläne. Er hat also darauf zu achten, dass der Leistungserstellungsprozess „reibungslos" verläuft; er ist in dieser Hinsicht „**Prozessmanager**".
- in der **erforderlichen Qualität**. Sind die Alkoholtester in Ordnung, wurden auch schwarz lackierte alte Golf mit gröhlenden Diskobesuchern kontrolliert oder nur Leute morgens auf dem Weg zur Arbeit? In dieser Hinsicht fungiert unser Revierleiter als „**Qualitätsmanager**".
- mit den dafür **vorgesehenen Kosten**. In dieser Hinsicht ist unser Revierleiter „Kostenmanager".

Insgesamt betrachtet stellt sich das Polizeimanagement wie in **Abbildung 48** (Seite 151) gezeigt dar.

Diesen Aufgaben kann unser Polizeimanager aber nur gerecht werden, wenn er laufend mit Informationen über „den Stand der Dinge", etwa ob die vorgesehenen Alkoholkontrollen im vorgesehenen Umfang stattgefunden haben und ob sich die Anzahl der schweren Verkehrsunfälle zurück entwickelt, versorgt wird. Das Instrumentarium, mit dem unser Polizeimanager die gewünschten Informationen erhält, nennt sich:

8.3 Controlling

Controlling umfasst das Sammeln, Aufbereiten und Analysieren von qualitätsbezogenen, mengenbezogenen und kostenbezogenen Informationen. Ein „Controller" unterstützt demnach unseren Polizeimanager, indem er ihm alle interessierenden Informationen „über die Entwicklung der Dinge" zur Verfügung stellt. Denn unser Polizeimanager muss im Rahmen der dezentralen Fach- und Ressourcenverantwortung ja in der Lage sein, das Erreichen seiner kontraktuell vereinbarten Ziele ständig beobachten bzw. kontrollieren zu können. Wird **rechtzeitig** eine Abweichung, etwa wenig Fortschritt bei der Leistungszielerreichung (z.B. zu wenig Alkoholkontrolle, immer noch nicht gesunkene Verkehrsunfallzahlen) bei gleichzeitig zu hohem Verbrauch der zur Verfügung stehenden Ressourcen (das Budget für das Produkt „Verkehrssicherheit“ droht überschritten zu werden) festgestellt, kann unser Polizeimanager vielleicht noch rechtzeitig eingreifen. Er kann „gegensteuern“ (z.B. verstärkte Alkoholkontrollen Samstagnacht, wesentlich weniger Alkoholkontrollen am Vormittag von Werktagen) um das Budgeteinhaltungs- und Wirkungsziel doch noch zu erreichen. Diese Art von „Selbstbeobachtung“ mit der Möglichkeit des Eingreifens „bevor es zu spät ist“ bezeichnet man als **Controlling.**

Controlling kann somit in erster Näherung definiert werden als eine Aktivität, die auf laufender Beobachtung des Fortschritts zum Erreichen eines Ziels (z.B. weniger schwere Unfälle) besteht, um im Falle einer Abweichung vom „rechten“ Zielerreichungspfad korrigierend und rechtzeitig in den Prozess der Zielverfolgung eingreifen zu können, um das ursprüngliche Ziel doch noch zu erreichen.

Wenn die mit dezentraler Ergebnis- und Ressourcenverantwortung ausgestatteten Leistungsproduzenten (unser Revierleiter, der als Polizeimanager fungiert) für die Einhaltung der im Kontrakt vereinbarten Kosten- und Leistungsvorgaben verantwortlich sind, müssen sie aber auch die Möglichkeit haben, sich laufend auf ihrem Zielerreichungsweg beobachten und gegebenenfalls – im Falle von Abweichungen – korrektiv steuern zu können. Erforderlich ist deshalb eine **laufende Selbstkontrolle**, die als **Frühwarnsystem** Abweichungen rechtzeitig sichtbar macht und den verantwortlichen Führungskräften (Polizeimanager/Revierleiter) als **Steuerungsinformation** zur Kenntnis bringt. Diese Steuerungsinformationen werden als **Berichte** bezeichnet. Berichte enthalten übersichtliche Darstellungen der steuerungsrelevanten Kennzahlen mit ihren Soll- und Ist-Werten sowie einer Ursachenanalyse von Abweichungen (**Abbildung 49**, Seite 151).

> Controlling besteht in der zielorientierten Steuerung des polizeilichen Handelns in kosten-, leistungs- und wirkungsbezogener Hinsicht mittels messbarer Steuerungsgrößen (z.B. Aufklärungsquote, Einbruchsquote, Anzahl schwerer Verkehrsunfälle), den sogenannten Kennzahlen, anhand derer Zielabweichungen bestimmbar werden, um frühzeitig eine zielgefährdende Abweichung durch geeignete Maßnahmen zu korrigieren.

Der Gegenstand, an dem sich die Steuerung des polizeilichen Handelns in wirkungs-, qualitäts-, mengen- und kostenbezogener Hinsicht festmacht, ist das Produkt und/oder die dem Produkt zugrunde liegenden Leistungen (**Abbildung 50**, Seite 152).

Man könnte auch sagen, dass das polizeiliche Handeln über ein Wirkungs-, Qualitäts-, und Kostencontrolling, das auf polizeiliche Produkte und Leistungen angewendet wird, gesteuert wird.

Beispiel:
Unser Polizeimanager ist frustriert!
Obwohl die Leistungen „Alkoholkontrollen", „Fahrzeugprüfungen" und „Verkehrsstreifen", die das Produkt „Verkehrsüberwachung" konstituieren, in der vorgesehenen Menge und zu den geplanten Kosten durchgeführt wurden, zeigt sich, dass die „schweren Verkehrsunfälle" nicht reduziert werden konnten, also die Wirkung (s. nochmals ***Abbildung 45****, Seite 141) der Bemühungen unseres Polizeimanagers auf sich warten lässt (****Abbildung 51****, Seite 152). Die Kennzahl für den Wirkungserfolg des Produktes „Verkehrsüberwachung" ist die Anzahl der schweren Verkehrsunfälle. Der SOLL-Wert, der mit dieser Kennzahl gesetzt wurde, ist „maximal 5 pro Monat". Der IST-Wert zeigt nun 9 schwere Verkehrsunfälle im Monat September auf. Die „Controllingampel" springt auf „rot" und der Controller schlägt Alarm. Die daraufhin sofort eingeleitete Ursachenanalyse zeigt, dass die Zunahme der schweren Verkehrsunfälle zu 90 % auf alkoholisierte oder unter Drogeneinfluss stehende Verkehrsteilnehmer am Wochenende zurückzuführen ist. Und das, obwohl die verstärkten Verkehrskontrollen, die Alkohol- und Drogenkontrollen beinhalten und seit Januar eingeführt wurden, in derselben Intensität und Häufigkeit durchgeführt wurden. Eine nähere Analyse der Leistung „Verkehrskontrollen" zeigte das überraschende Ergebnis, dass diese stets am gleichen Ort und zur gleichen Zeit (am Samstag vor der SHELL-Tanke kurz vor der Diskothek „Rock and Drugs") durchgeführt wurden, was die Jugendlichen dazu bewog, andere An- und Abfahrtswege zu wählen und damit risikolos dem Drogen- und Alkoholkonsum frönen zu können („Ich dachte, die Bullen steh'n doch eh nur an der Tanke" – so die Aussage eines Delinquenten). Der Controller schlägt darauf hin vor, die Leistung „Verkehrskontrollen" zu verschiedenen Zeiten an verschiedenen Orten durchzuführen. Dies ordnet unser Polizeimanager sofort an. Und siehe da, die Maßnahme zeigt Wirkung. Da Kontrollzeitpunkt und Ort nicht mehr kalkulierbar sind, wird das Risiko, ein Kraftfahrzeug unter Alkohol- oder Drogeneinfluss zu führen, zu hoch. Man verzichtet also vorsichtshalber auf „Suff- und Kifffahrten", was zu einer deutlichen Abnahme der schweren Verkehrsunfälle führt.*

Zusammenfassend betrachtet sollte das Beispiel deutlich gemacht haben, wie Controlling funktioniert. Der **Controllingprozess** umfasst die folgenden Komponenten:

Zuerst Ziele festlegen und dann
- Kennzahlen für die Ziele definieren.
- SOLL-Werte anhand der Kennzahlen festlegen, die die Zielerreichung ausdrücken.
- IST-Werte anhand derselben Kennzahlen messen.
- SOLL- und IST-Werte vergleichen.
- Wenn eine Abweichung festgestellt wird, WIRD-Prognosen einleiten, die Auskunft darüber geben, was passieren wird, wenn man untätig bleibt, und „Alarm“ schlagen und die Ursachen für die Abweichung analysieren. Korrekturmaßnahmen entwickeln, um das IST wieder auf SOLL-Kurs zu bringen.
- Die Korrekturmaßnahmen durchführen.

Abbildung 52 (Seite 153) zeigt zusammenfassend den Controllingprozess.

Abbildung 46

Abbildung 47

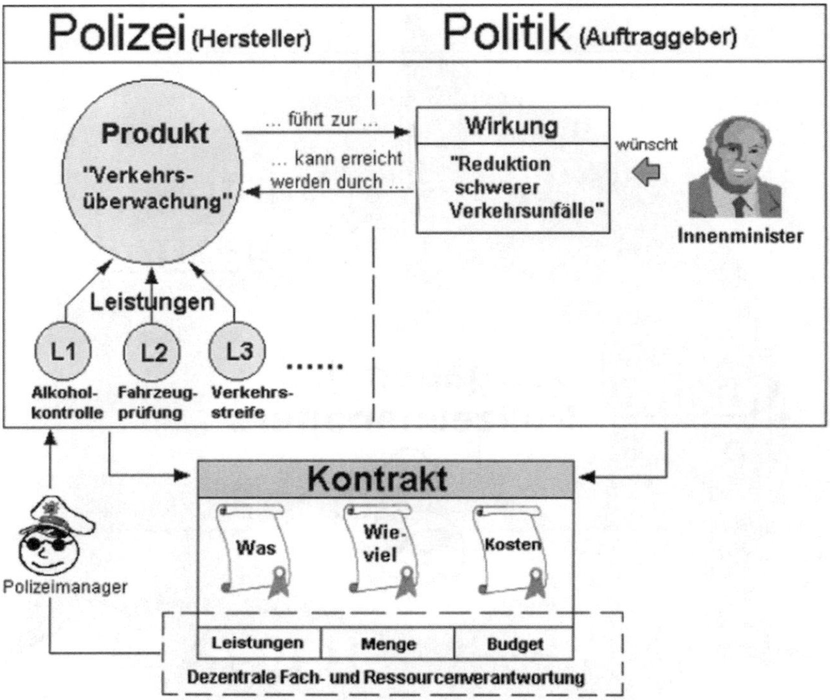

Abbildung 48

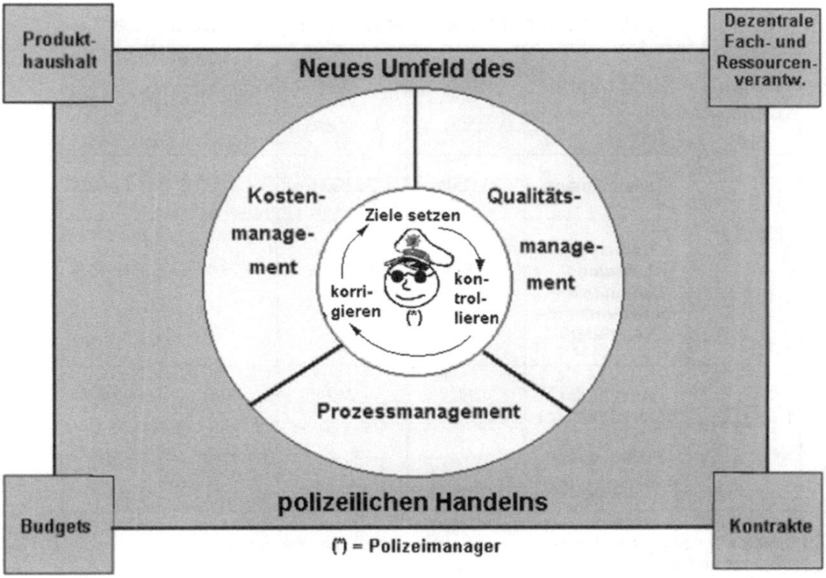

Abbildung 49

Steuerungsdimension	Quartalsbericht der Kostenstelle „Großstadtrevier"				
	Kennzahl	Soll	Ist	Abweichung absolut	Abweichung Prozent
Kosten	Gesamtkosten	25.000 €	28.000 €	+ 3.000 €	+ 12,00%
	Kosten pro Leistungs-Einheit (allgemeine Verkehrskontrollen)	100 €	119,15 €	+ 19,15 €	+ 19,15%
Leistung	Anzahl der Kontrolleinsätze	250	240	- 10	- 4,00%
	Festgestellte Deliktanzquote(*)	10%	12%	2%	+ 20%

(*) Prozentualer Anteil der polizeilich festgestellten Delikte wie Trunkenheit am Steuer, Fahren ohne Fahrerlaubnis, Führen eines nicht zugelassenen Fahrzeugs bezogen auf die Anzahl der Gesamtkontrollen.

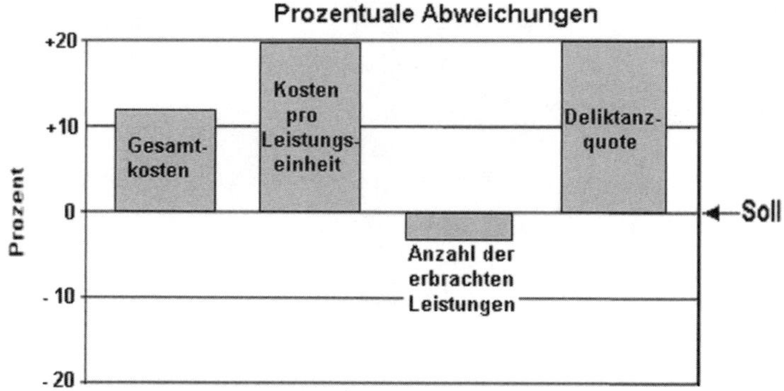

Erläuterung

Die Kostenüberschreitungen sind durch den erhöhten Aufwand, der mit der polizeilichen Behandlung von Deliktanz verbunden ist, erklärbar. Insgesamt konnte die Leistung der Polizei gesteigert werden. Denn trotz verringerter Leistungsmenge kann ein überproportionaler Qualitätszuwachs (Deliktanzfestellung) der Polizeiarbeit verzeichnet werden.

Abbildung 50

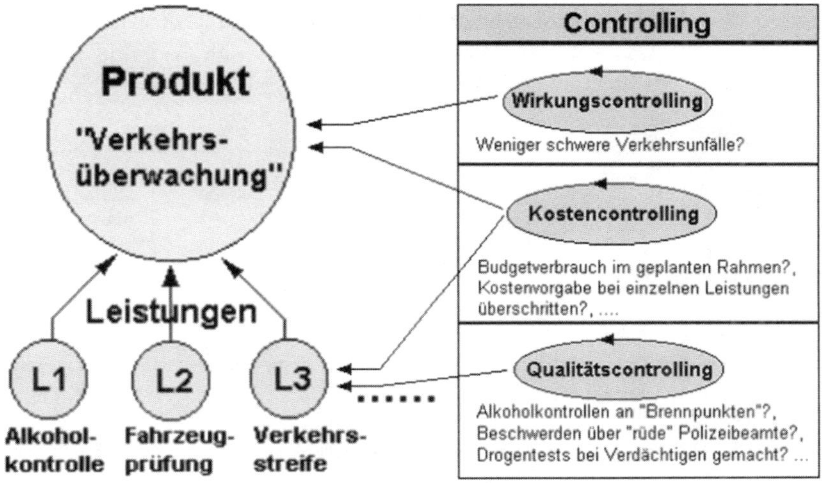

Abbildung 51

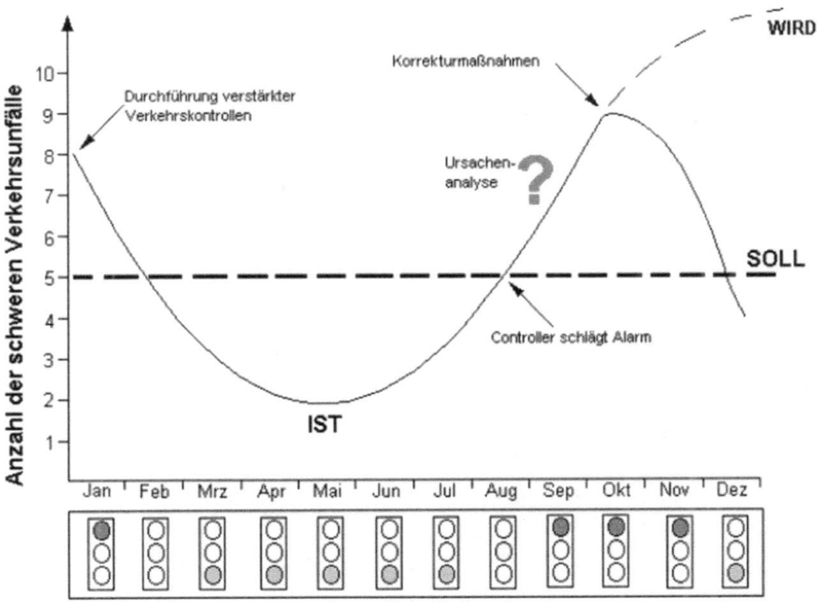

Abbildung 52

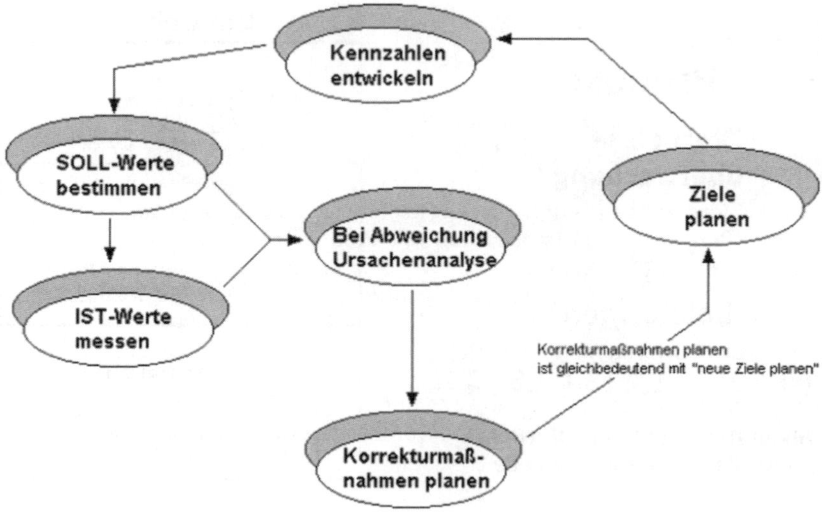

Literaturverzeichnis

Jochen **Christe-Zeyse**, Controlling in der Polizei, Stuttgart, 2004.
Rosemarie **Hardt**, Kostenmanagement, 2. Aufl., München & Wien, 2002.
Klaus **Homann**, Kommunales Rechnungswesen, 6.Aufl., Wiesbaden 2005.
William **Jórasz**, Kosten- und Leistungsrechnung, 4. Aufl., Stuttgart, 2008.
Bernd **Klümper**/Ewald **Zimmermann**, Die Produktorientierte Kosten- und Leistungsrechnung, Berlin, 2002.
Helmut **Lang**, Kosten- und Leistungsrechnung, 5. Aufl., München, 2002.
Hans-Jürgen **Probst**, Controlling – leicht gemacht, 4. Aufl., 2007.
Bernd R. **Schwander**, Kennzahlen, Controlling und Kostenrechnung, Landsberg/Lech, 2001.
Hilmar **Vollmuth**, Controllinginstrumente, 7. Aufl., Freiburg, 2008.
Jürgen **Weber**, Einführung in das Controlling, 12. Aufl., Stuttgart, 2008.